MTS
새가족 양육자 학교

교회성장연구소

인사말

우리는 각자의 고유한 이름을 가지고 있습니다. 동시에 우리에게는 공통으로 지녀야 할 또 다른 이름이 있습니다. 바로 '작은 예수' 입니다.

'작은 예수', 이것은 우리의 정체성이자, 삶의 목표가 되어야 합니다. 예수님의 가르침이 우리의 입을 통해 전파되어야 하고, 예수님의 사랑이 내 손을 통해 나눔으로 이어져야 합니다. 예수님의 발자국이 우리가 가야 할 길이 되어야 하고, 예수님의 마음이 우리의 성품을 지배해야 합니다.

이 세대에 이러한 '작은 예수' 들이 절실히 필요합니다. 나부터 작은 예수가 되기를 소원해야 하고, 더불어 우리 모두가 작은 예수라는 공통된 이름을 가져야 합니다. 서로가 각기 다른 존재이지만 작은 예수라는 같은 이름으로 하나 될 때, 그리고 그 이름에 걸맞게 예수 향기를 이 세상에 발할 때, 하나님 나라는 더욱 아름답고 넓게 확장되어 갈 것입니다.

그렇다면, 어떻게 해야 작은 예수로서 살아갈 수 있을까요? 어떻게 해야 이 땅이 작은 예수들로 가득 넘칠 수 있을까요? 우리는 예수님의 사역에서 그 원리를 배울 수 있습니다. 예수님께서는 사랑하는 제자들을 세우셨고, 훈련시키셨습니다. 하나님의 뜻을 그들에게 가르치셨고 그 가르침대로 실천하게 하셨습니다. 그리고 무엇보다 그 훈련의 원리는 예수님께서 먼저 본이 되어 주시는 것이었습니다.

작은 예수들이 무수히 일어나기 위해서, 예수님께서 제자들에게 행하셨던 그 훈련이 우리 가운데 시작되어야 합니다. 이러한 비전을 품고 본격적으로 MTS 개정판을 출간하게 되었습니다. 특히 이번 개정판은 평신도 모두가 작은 예수화 되는 것을 목표로 삼고 있습니다. 머릿속에만 맴도는 지식 전수가 아니라, 삶의 변화를 이끄는 MTS를 기획하고 구성하게 된 것입니다.

MTS는 소그룹에서 활용하기에 더없이 유익한 교재입니다. 작은 예수가 되기 위한 핵심적인 내용을 소그룹 구성원과 함께 배우고 익힐 수 있습니다. 그리고 그 배움이 앎으로만 그치지 않고, 각자의 삶의 자리에서 열매 맺도록 도와줍니다. 함께 생각과 삶을 나누고 점검할 수 있는 기회를 마련해 주는 것입니다. MTS를 통한 교육과 훈련은 단지 공부가 아니라, 교제이자 선교이며 삶의 예배입니다.

또한 MTS는 총 10개의 학교로 진행됩니다. 이것은 평신도들이 균형 있는 신앙생활을 할 수 있도록 돕습니다. 예수님을 따르기 위해 필요한 핵심 사항들을 체계적으로 정리하여 편성하였기 때문에 누구나 쉽게 배우고, 익히고, 나눌 수 있습니다.

MTS 개정판을 통해 이 땅에 작은 예수가 더 많이 세워지기를 소망합니다. 그렇게 세워진 작은 예수들이 가정과 교회를 변화시키고, 더 나아가 우리 사회와 나라의 희망이 되기를 꿈꾸어 봅니다.

2012. 9

여의도순복음교회 담임목사 **이 영 훈**

들어가는 말

새가족을 양육하는 것은 교회의 사명이자, 건강한 교회로 성장하기 위한 핵심 요소입니다. 새가족을 양육하는 것이 그만큼 중요하기 때문에 새가족 양육자를 훈련시키는 것은 더욱 중요합니다. 새가족 양육자 학교는 바로 이런 필요에 의해 구성되었습니다. 새가족을 양육하기에 앞서 새가족 양육자가 먼저 사명감에 사로잡힌 인도자로 세워져야 합니다.

총 8과로 구성된 새가족 양육자 학교는 세 단계로 분류됩니다.

첫 번째 단계는 새가족 양육에 관한 개념 이해를 돕는 과정입니다. 이것은 단순히 머리로 개념을 익히는 단계가 아닙니다. 그 개념을 올바로 배워 새가족 양육에 대한 중요성을 깨닫고, 새가족 양육자로서의 사명감을 갖는 것에 목적을 둡니다.

두 번째 단계는 새가족 양육을 '인도, 정착, 교육, 훈련'의 순서에 따라 구체적으로 다루게 됩니다. 새가족 양육자로서 해야 할 일을 체계적으로 배우기 때문에 양육 방법에 대한 좀 더 명확한 그림을 그릴 수 있습니다. 새가족을 위해 단계별로 중점을 두어야 할 사항들도 점검해 볼 수 있습니다.

세 번째 단계는 새가족에게 실질적으로 제공해야 할 콘텐츠들을 다루게 됩니다. 새가족이 처음 배우게 되는 복음의 진수인 구원의 핵심을 어떻게 전해야 할지 배우고, 더 나아가 아직 교회에 다닌 적이 없는 새가족에게 필수적으로 전해야 할 신앙생활의 실제에 대해 배우게 됩니다.

새가족 양육은 천하보다 귀한 한 영혼을 지키고 돌보는 사역입니다. 잃어버린 영혼을 하나님의 일꾼으로, 용사로 세우는 일입니다. 새가족 양육자 학교 훈련을 통해 영혼 사랑의 뜨거운 사명을 품은 양육자들이 각 교회에 가득 세워지길 기대합니다.

MTS를 소개합니다

1. MTS 소개

| 목적 |

- MTS는 SFS(Spiritual Formation Series – 영적 성장 시리즈)로서, 평신도를 작은 예수의 삶을 사는 사역자로 세우는 시스템입니다.
- 평신도 사역자를 체계적으로 양육할 수 있는 시스템을 교회에 제공합니다.

| 특징 |

- MTS(Ministry Training School, 평신도 사역자 훈련 학교)는 평신도를 작은 예수의 삶을 살도록 하기 위해서 제자 훈련, 셀 그리고 멘토링과 코칭의 원리를 통합적으로 접목한 훈련 시스템입니다.
- 약 2년이라는 단기간에 10가지 과정을 훈련함으로써 사역에 필요한 사명과 자질을 준비할 수 있습니다.

| 실행 및 운영 |

- 인원은 개 교회에 따라 대략 다음과 같이 구성할 수 있습니다.

규모	인원
소형 교회	5–10명
중형 교회	10–20명
대형 교회	20–40명

- 대그룹 모임과 소그룹 모임이 필요한데, 대그룹 모임은 전체 인원이 함께 모입니다. 소그룹 모임은 한 그룹 당 5–7명씩 묶습니다.
- 모임은 주제 강의, 소그룹 토론 및 기도회 등으로 이루어집니다.
- 약 2년 과정을 마친 사람들을 다양한 사역 현장으로 파송합니다.

| 구성 |

- 먼저 **정규 과정**은 작은 예수의 삶을 살기 위한 '그리스도 알아가기, 따라하기, 섬기기'라는 목표 아래 평신도를 사역자로 세우는 과정입니다.
- 또한 **특별 과정**은 정규 과정을 이수한 사람들이 실제적인 삶에서 작은 예수로 성장하도록 돕기 위한 심화 과정입니다.

2. MTS 약자의 의미

| 명칭 |

Ministry 사역자
Training 훈련
School 학교

| 역할 |

Mentoring or Modeling 가르치는 자의 역할
Training 배우는 자의 역할
Systematizing 시스템을 통해 운영

| 단계 |

Making Believers 신자화
Training as Disciples 제자화
Serving as Workers 사역자화

3. 정규 과정의 구성 및 기간

1) **신자화 과정** : 그리스도 알아가기
신앙 입문 학교(4주)

2) **제자화 과정** : 그리스도 따라가기
성경 가이드 학교(8주) – 큐티 학교(4주) – 예배 학교(8주) – 성령 학교(8주) / 성령축제(인텐시브 코스)

3) **사역자화 과정** : 그리스도 섬기기
소그룹 리더 학교(8주) – 전도자 훈련 학교(8주) – 새가족 양육자 학교(8주) – 가정 행복 학교(8주) – 기도 학교(8주) / 성령축제(인텐시브 코스)

4. 특별 과정의 구성

특별 과정은 일정한 순서가 정해져 있지 않습니다. 일반 과정을 수료한 사람 혹은 교회의 필요에 따라 원하는 학교를 교육받을 수 있습니다.

MTS 특별 과정	
	• 교회 성장 학교 • 부흥 학교 • 주일 교사 학교 • 사랑 받기 위해 태어난 사람 • 셀프 리더십 학교 • 리더십 개발 학교 • 4차원의 영성 리더십 학교 • 4차원의 영성 중보 기도 학교 • 4차원의 영성 전도 학교 • 4차원의 영성 학교 • 영적 교제 학교 • 찬양 학교 • 하나님의 소명 학교 • 가정 성장 학교 • 결혼 예비 학교 • 자녀 양육 학교 • 크리스천 웰빙 학교 • 크리스천 재정 학교 • 사회 봉사 학교 • 대화 학교

5. MTS 모임 형태와 순서의 예시

※ 예시 자료이므로, 각 교회의 상황에 맞게 바꿔서 활용할 수 있습니다.

시간	순서	담당자	진행방법
6:30 – 6:50	찬양	봉사자들	찬양으로 모임을 시작합니다.
6:50 – 7:00	기도	봉사자들	강의 시작 전 함께 기도합니다.
7:00 – 7:30	주제 강의	담임 목회자	30분 동안 교재의 내용을 쉽고 재미있게 강의 형태로 진행합니다.
7:30 – 7:40	티타임	봉사자들	소그룹별로 흩어지는 과정에서 잠시 교제하며 차를 마십니다.
7:40 – 8:20	소그룹 모임	소그룹 리더	4W : Welcome(아이스브레이크), Word(주제 강의 반복), Witness(삶의 나눔), Work of Prayer(기도 사역). ※ 목회자는 매주 1개 그룹씩 돌아가면서 참석합니다.
8:20 – 8:40	대그룹 기도회	담임 목회자	담임 목회자가 제시하는 기도 제목이나 소그룹에서 나온 중보 기도 제목을 놓고 함께 기도하고 마무리합니다.

6. MTS 일정

※ 한 과정별로 다음과 같이 진행되며, 8주가 끝나면 워크샵을 진행합니다(4과까지 있는 교재는 4주에 마치게 됩니다).

주	1주	2주	3주	4주	5주	6주	7주	8주	
교재	1과	2과	3과	4과	5과	6과	7과	8과	워크샵
과별 사역	각 과에 필요한 과 외 프로그램을 그때마다 진행합니다.								

※ 워크샵은 다음과 같이 진행할 수 있습니다(당일, 1박 2일, 2박 3일의 세 가지 프로그램 종류가 있습니다. 교회 상황에 맞게 선택한 후, 유동성 있게 조정하여 운영합니다. 1박 2일, 2박 3일 프로그램은 「실행 매뉴얼」에 제시됩니다).

| 워크샵 당일 프로그램 |

시간	순서	진행방법
10:00 – 10:50	예배	한 학교를 끝내게 된 것에 대해 감사예배를 드립니다. 찬양을 10분 정도 드린 후, 약 40분 정도 예배를 드립니다.
10:50 – 11:00	휴식 및 광고	잠시 쉬면서 오늘 일정에 대해 광고합니다.
11:00 – 12:00	1차 복습(1–4과)	한 과당 15분 정도로 복습합니다. 배운 핵심 내용을 완벽하게 익힐 수 있게 합니다.
12:00 – 1:00	식탁 교제	함께 식사하며 교제를 나눕니다.
1:00 – 1:30	휴식 및 찬양	식사 후 잠시 휴식시간을 갖고 오후 일정에 들어가기 10–15분 전부터 찬양을 시작합니다. 찬양과 함께 다음 순서를 시작합니다.

1:30 – 2:30	2차 복습(5–8과)	한 과당 15분 정도 복습 시간을 갖습니다. 배운 핵심 내용을 완벽하게 익힐 수 있게 합니다.
2:30 – 2:40	휴식	소그룹 모임을 위해 자리 이동을 합니다.
2:40 – 4:00	소그룹 간증	배운 내용을 적용하고 실천하는 것과 관련하여, 소그룹 구성원끼리 간증을 나눕니다. 대그룹 간증 시간에 대표로 발표할 구성원을 선정합니다.
4:00 – 4:10	휴식	쉬면서 다시 대그룹 모임을 위해 자리 이동을 합니다.
4:10 – 5:30	대그룹 간증	소그룹의 대표가 나와서 소그룹 간증 때 나누었던 간증을 발표합니다. 소그룹 내에서만 나누었던 간증을 모두가 함께 공유할 수 있습니다. 이때 발표만 할 것이 아니라, 질문이나 조언 등도 함께 나눌 수 있게 합니다.
5:30 – 7:00	식탁 교제(파티)	점심때보다 긴 시간을 할애하여 파티를 엽니다. 한 학교를 마치는 동안 수고한 것을 서로 격려하는 자리를 갖습니다.
7:00 – 8:00	결단의 시간 및 예배	마무리하는 예배를 드리고 예배 끝 부분에 결단의 시간을 갖습니다. 결단 목록을 미리 준비하여 함께 읽는 시간을 갖습니다. 결단 목록은 실행 매뉴얼에 제공됩니다.

MTS 개정판 매뉴얼

오늘 우리는...

이 과의 전체 학습 목표와도 같습니다.

이 과를 통해 궁극적으로 알아야 할 것이 무엇인지를 먼저 파악할 수 있게 합니다.

마음 문 열기

이 과의 학습 내용과 관련된 예화가 제시됩니다.

이어질 학습 내용을 이야기를 통해 먼저 쉽게 접할 수 있습니다.

여기서 잠깐

예화를 읽고 나서 생각을 스스로 점검할 수 있게 해주는 질문이 마련되어 있습니다.

잠깐의 묵상을 통해 좀 더 진지하게 학습 내용에 임할 수 있게 합니다.

배움과 익힘

본격적인 학습 내용이 제시되어 있는 공간입니다.

중제목(1, 2, 3...)과 소제목(가, 나, 다...) 틀 안에 반드시 알아야 할 내용이 정리되어 있기 때문에 누구나 쉽게 학습할 수 있습니다. 또한 학습 내용을 뒷받침해 주는 성구들이 삽입되어 있습니다.

더불어 나눔

이 과를 공부하고 난 후, 소그룹 구성원과 나눌 수 있는 질문과 묵상 및 결단들이 제시되어 있습니다.

배운 내용을 토대로, 혹은 각자의 경험에 기반하여 솔직하게 대화할 수 있습니다.

마음 밭에 심기
– 주제 말씀 암송

배움과 익힘에 나온 여러 성구 중, 대표적이면서도 특별히 기억하면 좋은 성구가 제시되어 있습니다.

주제 말씀 암송과 더불어 말씀대로 실천하고자 노력한다면 이 과를 더욱 풍성히 삶에 적용할 수 있을 것입니다.

마음에 새기기

이 과에서 다루어진 내용을 최종적으로 점검할 수 있는 공간입니다.

배움과 익힘의 내용이 중제목, 소제목별로 한 두 문장씩 정리가 되어 있기 때문에 복습하기에 유리합니다.

참고문헌 및 추천도서

참고했던 도서와 추가로 참고하면 좋은 도서들이 제시되어 있습니다.

개인적으로 공부를 더 하고자 할 때 도움이 됩니다.

Contents

제1과

새가족 양육의 중요성

오늘 우리는...

- 이 과를 통해, 새가족 양육을 해야 하는 이유에 대해 깨닫게 됩니다.
- 이 과를 통해, 새가족 양육자로서 다시 한 번 결단하게 됩니다.

마음 문 열기

스코틀랜드의 어느 교회 주일학교에서 있었던 일입니다. 보비라고 하는 한 남자아이가 새가족 등록을 했습니다. 그런데 교회에서 하도 말썽을 부려서 아무도 그 아이를 지도하려 하지 않았습니다. 그러자 보비도 주일학교에 출석하지 않았습니다. 그러던 어느 날 한 여선생님이 보비의 담임을 맡겠다고 자청했습니다. 담당 부장도 그녀에게 보비에게 입힐 새 옷을 주며 잘 타일러 보라고 했습니다.

선생님은 보비의 집을 찾아갔습니다. 보비의 머리는 새 둥지처럼 헝클어져 있었고, 얼굴은 땟물로 얼룩져 있었습니다. 선생님은 보비에게 새 옷을 입혀 주고 잘 타일러 교회에 나오겠다는 약속을 받았습니다. 그러나 보비는 다음 주일에 나타나지 않았습니다. 선생님은 그만둘까 하는 생각도 들었지만 포기하지 않고 계속해서 보비를 찾아가 씻겨 주고, 머리를 빗겨 주고, 옷도 갈아입히며 다시 교회에 나오겠다는 약속을 받았습니다.

결국 이 아이는 선생님의 정성과 보살핌으로 잘 성장하여, 후에 한문과 중국의 역사를 통달했고, 수억 명의 중국인을 구원하기 위하여 처음으로 성경을 중국어로 번역한 사람이 되었습니다. 그가 바로 로버트 스미스 목사입니다.

여기서 잠깐

한 사람의 인생을 변화시키는 힘이
무엇이라고 생각합니까?

1. 성경에 나타난 새가족 양육

가. 새가족 양육은 예수님의 지상명령

예수님께서는 공생애 기간 동안 지극히 평범한 사람들을 제자로 부르셨습니다. 그리고 그들을 철저히 훈련시키셨습니다.

> 이에 예수께서 제자들에게 이르시되 누구든지 나를 따라오려거든
> 자기를 부인하고 자기 십자가를 지고 나를 따를 것이니라 마태복음 16:24

예수님께서는 공생애 사역을 마치시고 하늘로 올라가실 때, 제자들에게 '제자 삼을 것'을 명령하셨습니다. 새가족 양육을 통해 성도들을 예수님의 제자로 세워 나가는 것은 우리의 사명입니다.

> 그러므로 너희는 가서 모든 민족을 제자로 삼아
> 아버지와 아들과 성령의 이름으로 세례(침례)를 베풀고
> 내가 너희에게 분부한 모든 것을 가르쳐 지키게 하라
> 볼지어다 내가 세상 끝날까지 너희와
> 항상 함께 있으리라 하시니라 마태복음 28:19-20

나. 새가족 양육은 하나님의 한없는 사랑을 나누는 것

성경은 우리에게 하나님의 한없는 사랑을 가르쳐 줍니다. 하나님

께서는 불순종한 아담과 하와에게 살 길을 제시해 주셨고, 출애굽의 극적인 은혜를 잊어버린 채 우상을 좇은 이스라엘 백성에게 사사를 보내셔서 회복의 기회를 주셨습니다. 이스라엘의 계속된 범죄로 망국의 포로 신세가 되었을 때에는 예언자들을 보내셔서 돌아올 길을 열어 주셨습니다. 그럼에도 죄악을 끊지 못하는 백성에게 독생자 예수님을 보내셔서 구원의 길을 제시해 주셨습니다.

> 하나님이 세상을 이처럼 사랑하사 독생자를 주셨으니
> 이는 그를 믿는 자마다 멸망하지 않고
> 영생을 얻게 하려 하심이라 요한복음 3:16

이 놀라운 사랑은 지금 우리에게도 이어집니다. 우리는 때때로 연약하여 죄를 짓기도 하지만 하나님께서는 우리를 긍휼히 여기시고 용서해 주십니다. 하나님의 사랑은 우리를 떠나지 않습니다.

하나님의 사랑을 받은 우리가 해야 할 일은 그 사랑을 나누고 전하는 것입니다. 우리가 먼저 전해야 할 대상은 '새가족' 입니다. 그들은 이제 막 교회에 출석하기 시작했기 때문에 하나님의 사랑을 깊이 체험하지 못했습니다.

> 사랑하는 자들아 하나님이 이같이 우리를 사랑하셨은즉
> 우리도 서로 사랑하는 것이 마땅하도다 요한서 4:11

전도한 영혼들이 성숙한 성도로 세워질 때까지 우리는 그들을 사

랑으로 품어 주고, 가르쳐 주고, 보살펴 주어야 합니다. 하나님께서 우리를 끝까지 포기하지 않고 붙드신 것처럼 우리도 그들을 포기하지 말고 끝까지 붙들어 주며, 사랑으로 세워 주어야 합니다.

> 그가 우리를 위하여 목숨을 버리셨으니 우리가 이로써 사랑을 알고
> 우리도 형제들을 위하여 목숨을 버리는 것이 마땅하니라 요한1서 3:16

다. 새가족 양육은 잃어버린 영혼을 지키는 일

전도가 잃어버린 영혼을 '찾는' 일이라면, 양육은 그 찾은 영혼을 '지키는' 일입니다. '지키는' 것의 중요성은 드라크마 비유에 잘 나타납니다. 예수님께서는 한 여인이 드라크마를 잘 지키지 못해 잃어버린 후 그것을 찾기 위해 수고하는 모습을 묘사하셨습니다.

> 어떤 여자가 열 드라크마가 있는데 하나를 잃으면 등불을 켜고
> 집을 쓸며 찾아내기까지 부지런히 찾지 아니하겠느냐
> 또 찾아낸즉 벗과 이웃을 불러 모으고 말하되
> 나와 함께 즐기자 잃은 드라크마를 찾아내었노라 하리라 누가복음 15:8-9

찾는 것만큼 지키는 것 역시 중요합니다. 전도가 영혼 사랑의 시작이라면, 새가족 양육은 영혼 사랑을 완성시켜 가는 과정입니다.

2. 건강한 교회를 세우는 새가족 양육

가. 교회의 돌봄을 필요로 하는 새가족

어린아이는 스스로 성장하지 못합니다. 부모의 도움이 필요하고, 안전하게 자랄 수 있는 환경이 제공되어야 합니다. 영적인 어린아이도 마찬가지입니다. 그들은 스스로 영적 성장을 할 수 없기에 가르치고 보살펴 줄 누군가가 필요합니다. 그들을 성장할 수 있도록 돕는 사람들이 새가족 양육자입니다. 양육자가 새가족을 섬길 때 하나님께서는 그들을 자라게 하십니다.

> 이로써 우리도 듣던 날부터 너희를 위하여 기도하기를
> 그치지 아니하고 구하노니 너희로 하여금 모든 신령한 지혜와 총명에
> 하나님의 뜻을 아는 것으로 채우게 하시고
> 주께 합당하게 행하여 범사에 기쁘시게 하고
> 모든 선한 일에 열매를 맺게 하시며
> 하나님을 아는 것에 자라게 하시고 골로새서 1:9-10

교회는 새가족을 새로운 존재로 세워 줄 제2의 고향입니다. 교회는 그들에게 영적 양식인 성경 말씀을 제공해야 합니다. 더 나아가 교회는 그들이 하나님의 자녀로서 올바르게 성장할 수 있도록 가르치고 훈련해야 합니다.

나. 새가족 양육은 건강한 교회로 성장하기 위한 기본 토대

그리스도의 몸인 교회가 계속해서 성장하고 생명력이 넘쳐나려면

새 생명이 탄생하여 건강하고 바르게 자라나야 합니다. 하나님께 나아온 영혼들이 예수님 안에서 거듭나는 역사가 계속 일어날 때, 그 교회는 건강하게 성장하고 있다고 말할 수 있습니다.

기존 성도들 끼리 교제하는 교회는 정체된 교회입니다. 교회는 변화가 필요합니다. 변화는 특별한 프로그램을 시도하는 것보다 새가족을 받아들이고 그들과 함께 성장할 때 나타납니다. 그리고 새가족은 또 다른 새가족을 세워야 합니다. 이것이 이 땅에서 하나님 나라의 확장을 이뤄가는 모습이자 진정한 교회성장입니다.

> 하나님을 찬미하며 또 온 백성에게 칭송을 받으니
> 주께서 구원받는 사람을 날마다 더하게 하시니라 사도행전 2:47

초대교회가 환난 가운데서도 건강하게 성장할 수 있었던 것은 이러한 양육이 있었기 때문입니다. 바울은 곳곳에 교회를 세웠고, 교회 안에서 결신자는 점점 늘어났습니다. 바울은 결신자가 늘어나는 만큼 그들이 건강한 성도로 자라날 수 있도록 양육에 힘썼습니다.

양육에 대한 바울의 헌신은 각 교회에 보낸 그의 서신들에서 볼 수 있습니다. 바울은 많은 곳에서 다양한 선교 활동을 했기 때문에 하나의 교회에만 집중할 수 없었습니다. 그래서 각 교회의 성도들, 특히 이제 막 믿음을 갖기 시작한 새가족의 신앙 성장을 돕기 위해 많은 서신서를 기록하고 보냈습니다.

> 나 바울은 친필로 너희에게 문안하노니 고린도전서 16:21

그 서신서는 초대교회가 잘못된 가르침에 흔들리지 않고, 올바른 믿음을 가질 수 있게 하는 토대가 되었습니다. 서신을 통한 양육이 초대교회의 건강한 성장을 이끌어낸 것입니다.

> 그러므로 내가 떠나 있을 때에 이렇게 쓰는 것은
> 대면할 때에 주께서 너희를 넘어뜨리려 하지 않고 세우려 하여
> 내게 주신 그 권한을 따라 엄하지 않게 하려 함이라 고린도후서 13:10

3. 새가족 양육자를 세우시는 하나님

가. 사람을 통해 일하시는 하나님

우리가 하나님의 일에 동참할 수 있다는 것은 하나님께서 우리에게 허락하신 놀라운 은혜이자 축복입니다.

> 나를 능하게 하신 그리스도 예수 우리 주께 내가 감사함은
> 나를 충성되이 여겨 내게 직분을 맡기심이니 디모데전서 1:12

전지전능하신 하나님께서는 사람의 손을 빌리지 않고도 무엇이든 하실 수 있습니다. 그럼에도 하나님께서는 사람을 통해 일하십니다. 그분의 일에 동참할 기회를 우리에게 주십니다. 그리고 그 가운데서

영광을 경험하게 하십니다. 우리는 우리 자신이 '어떤 사람의 동역자'이기 전에 먼저 '하나님의 동역자'임을 기억해야 합니다.

> 우리는 하나님의 동역자들이요 너희는 하나님의 밭이요
> 하나님의 집이니라 고린도전서 3:9

새가족 양육도 마찬가지입니다. 하나님께서는 우리가 그 일을 할 수 있도록 허락하시고 사명으로 주셨습니다. 베드로에게 사람 낚는 어부로서의 사명을 주시고 "내 양을 치라"고 분부하셨듯이, 우리에게도 양육의 사명을 맡겨 주셨습니다.

> 예수께서 이르시되 나를 따라오라
> 내가 너희로 사람을 낚는 어부가 되게 하리라 하시니 마가복음 1:17
>
> 세 번째 이르시되 요한의 아들 시몬아 네가 나를 사랑하느냐 하시니
> 주께서 세 번째 네가 나를 사랑하느냐 하시므로 베드로가 근심하여 이르되
> 주님 모든 것을 아시오매 내가 주님을 사랑하는 줄을 주님께서 아시나이다
> 예수께서 이르시되 내 양을 먹이라 요한복음 21:17

나. 영적 모델이 필요한 새가족

신앙생활을 처음 시작하는 새가족에게는 모든 것이 낯설 수 있습니다. 그들에게 올바른 신앙생활에 대해 가르치고 도우려면 단순한 설명만으로는 부족합니다. 그들에게는 삶의 멘토가 필요합니다.

먼저는 목회자들을 통해 많은 것을 배울 수 있습니다. 하지만 그들

이 늘 새가족과 함께하며 교제할 수 있는 것은 아닙니다.

새가족 양육자는 이런 상황에서 새가족에게 매우 중요한 역할을 할 수 있습니다. 기도를 어떻게 해야 하는지, 어떤 마음과 자세로 예배를 드려야 하는지, 다른 성도들과 어떻게 교제할 수 있는지, 어떻게 말씀을 대하고 실천할 수 있는지 가장 가까이에서 본보기가 되어 줄 수 있습니다.

> 내가 그리스도를 본받는 자가 된 것 같이
> 너희는 나를 본받는 자가 되라 고린도전서 11:1
>
> 우리에게 권리가 없는 것이 아니요 오직 스스로 너희에게 본을 보여
> 우리를 본받게 하려 함이니라 데살로니가후서 3:9

이처럼 새가족에게는 신앙생활을 단순히 말로만 설명해 줄 사람이 아닌, 거울이 되고 본이 되어 줄 영적 멘토가 절실히 필요합니다.

다. 영적 부모가 필요한 새가족

새가족에게는 그들을 부모와 같이 돌봐 주고 기도로 중보해 줄 영적 부모가 필요합니다.

새가족은 아직 어린아이와 같기 때문에 사소한 일에도 쉽게 상처를 받을 수 있습니다. 따라서 끊임없는 관심과 사랑의 보호가 필요합니다. 즉, 부모의 마음을 가지고 그들을 돌봐 줄 새가족 양육자가 곁에 있어야 합니다.

> 우리는 그리스도의 사도로서 마땅히 권위를 주장할 수 있으나
> 도리어 너희 가운데서 유순한 자가 되어 유모가 자기 자녀를 기름과 같이
> 하였으니 우리가 이같이 너희를 사모하여 하나님의 복음뿐 아니라
> 우리의 목숨까지도 너희에게 주기를 기뻐함은
> 너희가 우리의 사랑하는 자 됨이라 데살로니가전서 2:7-8

새가족 양육자는 새가족의 영적 멘토로서 삶에서 모범을 보여 주고, 영적 부모로서 예수님의 사랑을 전해야 합니다.

더불어 나눔

1. 전도한 새가족이 교회에 정착하고 성장할 수 있도록 끊임없는 관심과 기도로 도왔던 경험이 있습니까? 그런 경험이 있다면 함께 나누어 봅시다.

2. 새가족은 내가 품은 영적 아이와도 같습니다. 지금 자신이 양육하고 중보하고 있는 새가족에 대해서 나누어 보고, 그 사람을 위해 함께 기도하는 시간을 가져 봅시다.

마음 밭에 심기

주제 말씀 암송

예수께서 이르시되 나를 따라오라 내가 너희로 사람을 낚는 어부가 되게 하리라 하시니 마가복음 1:17

마음에 새기기

성경은 우리가 새가족 양육에 헌신해야 하는 이유를 가르쳐 줍니다

1. 새가족 양육은 예수님께서 우리에게 주신 사명입니다.
2. 성경은 인간을 끝까지 포기하지 않으시는 하나님의 놀라운 사랑을 보여 줍니다. 그 사랑에 보답하기 위해 우리는 새가족을 끝까지 붙들고 성장시키는 일에 헌신해야 합니다.
3. 되찾은 영혼을 다시 잃어버리지 않도록 끝까지 책임을 지고 지켜 나가야 합니다.

새가족 양육은 교회에 있어서 선택이 아니라 필수입니다

1. 새가족은 어린아이와 같아서 교회의 돌봄이 절대적으로 필요합니다.
2. 건강한 교회는 새로운 영혼이 늘어가는 교회입니다.

하나님께서는 새가족 양육자를 세우십니다

1. 하나님께서는 새가족 양육의 사명을 우리에게 주셨고, 그 일을 함께하길 원하십니다.
2. 새가족에게는 신앙생활의 본보기가 되어 줄 멘토가 필요합니다.
3. 새가족에게는 사랑으로 품어 줄 영적인 부모가 필요합니다.

제2과

새가족 양육의 의미

오늘 우리는...

- 이 과를 통해, 새가족 양육의 개념과 기본 원리를 이해하게 됩니다.
- 이 과를 통해, 새가족의 유형에 대해 이해하고, 그에 따른 양육 방법을 깨닫게 됩니다.

마음 문 열기

미국 제20대 대통령 가필드가 전기공학교 교장으로 있을 때의 일입니다. 그는 열정을 다해 아이들을 교육하고, 훈련시켰습니다. 하루는 재단 이사장이 그를 찾아와 말했습니다.

"아이들이 공부하는 것을 보니 교육 방침이 너무 혹독한 것 같습니다. 학생들이 놀기도 하고 쉬기도 하면서 공부하는 것이 좋지 않겠습니까?"

그러자 가필드는 이렇게 대답했습니다.

"하나님께서 한 그루의 느티나무를 좋은 재목으로 만들어 쓰시고자 할 때도 100년을 두고 키우십니다. 그러나 호박 하나를 키우는 데에는 불과 한 달밖에 걸리지 않습니다. 이사장님께서는 느티나무를 키우시겠습니까? 아니면 호박을 키우시겠습니까?"

그의 말을 들은 이사장은 아무 말도 못 하고 돌아갔습니다.

여기서 잠깐

내가 지금까지 신앙생활을 하는 동안
도움을 주고 중보기도를 해준 사람들은
누가 있었는지 돌아봅시다.

배움과 익힘

1. 새가족 양육의 개념 및 원리

가. 새가족의 개념

성경에는 '잃어버린 양'의 비유가 등장합니다. 잃어버린 양은 비신자 이상의 의미를 담고 있습니다. 먼저 누가복음에서 잃어버린 양은 아직 하나님을 알지 못하는 자, 곧 구원받지 못한 영혼을 말합니다.

> 인자가 온 것은 잃어버린 자를 찾아 구원하려 함이니라 누가복음 19:10

반면에 마태복음에서 말하는 잃어버린 양은 신앙생활을 하다가 실족한 영혼을 말합니다.

> 예수께서 대답하여 이르시되 나는 이스라엘 집의 잃어버린 양 외에는 다른 데로 보내심을 받지 아니하였노라 하시니 마태복음 15:24

새가족에 대해 다음과 같이 분류할 수 있습니다.

1) 신입 성도(비신자였던 새가족)

예수님을 믿기로 결심한 뒤, 처음으로 교회에 등록한 성도를 말합니다.

2) 회복 성도(신앙생활을 중단했던 새가족)

잠시 교회를 떠났다가 다시 돌아온 성도를 말합니다.

3) 수평 이동 성도(기존 성도인 새가족)

이사 등의 개인적인 이유로 교회를 옮기게 된 성도를 말합니다.

나. 새가족 양육의 개념

'양육' 이란 '아이를 보살펴 자라게 함' 을 뜻합니다. 부모가 사랑하는 자녀를 돌보아 주고 성장에 필요한 것을 공급해 주는 것이 양육입니다. 마찬가지로 새가족 양육도 영적 부모가 한 영혼을 하나님의 자녀로서 건강하게 자랄 수 있도록 보살펴 주고 도와주는 것입니다.

새가족 양육은 영적 성장의 의미를 내포한다는 점에서 특별합니다. 외면적으로 보이는 성장(활발한 교회 활동, 성도간의 교제에 적극적으로 참여하는 모습 등)도 중요하지만, 영적으로 하나님과 친밀한 관계를 이루고 하나님의 신실한 일꾼으로 자랄 수 있도록 이끄는 것이 중요합니다.

다. 새가족 양육의 원리

새가족 양육은 가르침, 즉 교육을 기본으로 합니다. 이때 교육은 지식을 전달하는 것을 넘어 '예수님의 사랑을 전하는 것' 과 동시에 '예수님을 닮은 삶을 보여 주는 것' 이 되어야 합니다.

그러므로 양육자는 자신이 먼저 예수님을 닮아 가도록 노력해야 합니다. 그리고 예수님께서 우리에게 베푸신 사랑이 온전히 전달되도록 그리스도의 향기가 되어 새가족에게 진실한 사랑을 보여 주어야 합니다.

> 우리는 구원받는 자들에게나 망하는 자들에게나
> 하나님 앞에서 그리스도의 향기니 고린도후서 2:15

이렇게 할 때 새가족은 양육자를 통해 예수님의 사랑을 자연스럽게 접할 수 있고, 점점 그 사랑의 원천이신 예수님을 따르는 삶으로 변화됩니다. 예수님을 닮은 새가족 양육자를 보면서 예수님을 닮아가는 삶을 소망하게 됩니다. 이것이 우리가 지향하고 적용해야 할 새가족 양육의 원리입니다.

2. 새가족 양육의 단계

새가족 양육은 단순히 교육의 개념을 넘어, 새가족을 처음 맞아들이는 것부터 시작하여 장성한 분량에 이르도록 훈련하는 것까지 포함합니다.

가. 새가족 인도 단계

인도 단계는 새가족을 교회로 데려오기까지의 과정을 말합니다. 교회에서 기획하는 새가족 초청 집회나 혹은 개개인의 전도를 통해서 새가족을 교회에 출석하도록 인도하는 과정입니다.

나. 새가족 정착 단계

교회에 출석하기 시작한 사람이 예수님을 영접하기로 결신하는 과정입니다. 이 단계를 통해 새가족은 본격적으로 신앙생활을 시작하게 됩니다. 또한 교회에 성도로 등록하는 행정적 절차가 이루어집니다.

다. 새가족 교육 단계

교육 단계는 성도로 등록한 새가족이 본격적으로 양육자를 통해 교육을 받는 것입니다. 이는 실질적 양육의 단계로 들어서는 과정이라고 할 수 있습니다. 이 단계는 양육의 실질적 단계이기 때문에 양육자의 헌신이 가장 많이 요구됩니다.

양육자는 이 단계에서 단순히 교육을 진행하는 것에 그쳐서는 안 됩니다. 새가족이 영적으로 성장할 수 있도록 끊임없는 사랑과 기도로 그들을 인도해야 합니다.

라. 새가족 훈련 단계

양육자의 교육을 통해 새가족이 영적으로 성장하는 모습을 보인다면 이제는 스스로 신앙생활을 이끌어 나갈 수 있는 '성숙한 그리스도인' 의 단계로 나아가게 됩니다.

> 내가 어렸을 때에는 말하는 것이 어린아이와 같고
> 깨닫는 것이 어린아이와 같고 생각하는 것이 어린아이와 같다가
> 장성한 사람이 되어서는 어린아이의 일을 버렸노라 고린도전서 13:11

양육자는 이 단계에서 새가족이 스스로 자신의 신앙을 이끌어 나갈 수 있도록 새가족의 곁에서 돕는 역할을 지속적으로 해야 합니다.

3. 새가족에 대한 이해 - 새가족의 유형

가. 영적 구원 혹은 복을 얻기 위해 온 새가족

구원을 얻는 것은 인간의 힘으로 불가능합니다. 또한 인간의 사상이나 철학, 다른 어떤 종교를 통해서도 구원의 진리를 깨달을 수 없습니다. 그래서 영적인 공허함을 느끼고 교회를 찾은 사람들에게 예수님만이 유일한 구원의 길과 진리가 되신다는 메시지를 분명히 전해야 합니다.

> 예수께서 이르시되 내가 곧 길이요 진리요 생명이니
> 나로 말미암지 않고는 아버지께로 올 자가 없느니라 요한복음 14:6

물질적인 복을 기대하며 교회를 찾은 새가족에게는 하나님께서 자녀의 삶의 필요를 채워 주는 분이심을 가르쳐 주어야 합니다. 그러나 거기서 그치지 않고 하나님을 섬기며 동행하는 삶이 가장 큰 복임을 깨닫도록 해야 합니다.

> 하나님께 가까이 함이 내게 복이라 시편 73:28

또한 우리가 성령충만함으로 예수님 안에 거하고 예수님의 가르침을 삶에서 실천하며 살 때 하나님께서 우리의 기도에 응답해 주신다는 것을 가르쳐 주어야 합니다.

> 너희가 내 안에 거하고 내 말이 너희 안에 거하면
> 무엇이든지 원하는 대로 구하라 그리하면 이루리라 요한복음 15:7

나. 문제 해결을 받기 위해 온 새가족

재정적인 어려움, 육신의 질병, 또는 삶의 여러 가지 문제로 고민하다가 교회를 찾게 된 사람들이 있습니다.

물질의 문제로 고민하는 사람들에게는 가난한 상황에서도 우리를 부요하게 하시는 예수 그리스도의 복음을 전해야 합니다. 그들에게는 물질적인 도움도 필요하지만, 무엇보다 모든 만물의 주인이신 하나님을 깨닫게 하는 것이 더 중요합니다.

또한 우리를 위해서 모든 것을 버린 예수님께서 그들의 인생을 풍성하게 하실 것을 가르쳐야 합니다.

> 우리 주 예수 그리스도의 은혜를 너희가 알거니와
> 부요하신 이로서 너희를 위하여 가난하게 되심은
> 그의 가난함으로 말미암아 너희를 부요하게 하려 하심이라 고린도후서 8:9

인간의 질병은 근원적으로 아담이 범한 죄로 말미암은 육체적 형벌입니다. 그러나 예수님의 십자가 대속으로 말미암아 치유의 길이 열렸습니다. 우리는 예수 그리스도의 능력으로 병 고침 받고, 복되고 건강한 삶을 살 수 있음을 가르쳐 주어야 합니다.

> 그가 찔림은 우리의 허물 때문이요 그가 상함은
> 우리의 죄악 때문이라 그가 징계를 받으므로 우리는 평화를 누리고
> 그가 채찍에 맞으므로 우리는 나음을 받았도다 이사야 53:5

그 외에 삶의 여러 가지 문제로 고민하는 사람들에게 그 문제보다 크신 하나님을 소개해야 합니다. 하나님을 만나고 그 하나님을 전적으로 신뢰할 때 하나님께서는 문제를 능히 극복할 힘을 주시고, 크신 은혜로 문제 자체를 해결해 주시기도 하신다는 것을 가르쳐 주어야 합니다.

> 예수께서 이르시되 할 수 있거든이 무슨 말이냐
> 믿는 자에게는 능히 하지 못할 일이 없느니라 하시니 마가복음 9:23

다. 가족, 친구의 권유나 호기심 때문에 온 새가족

가족이나 친구의 권유로 교회에 나오게 된 새가족은 교회에 가장 확실하게 정착할 수 있습니다. 그러나 지인이 곁에 있다는 이유로 안심할 수만은 없습니다.

인도는 그들의 가족이나 친구가 했지만, 복음을 확실하게 전하여 예수 그리스도를 영접하고 거듭날 수 있게 하려면 새가족 양육자의 헌신이 필요합니다.

또한 이웃에 사는 성실하고 친절한 성도에게 감동을 받거나, 혹은 우연히 교회 행사에 참가했다가 호기심이 생겨 교회에 한 번쯤 와 볼 수 있습니다.

교회에 대한 호기심은 우연이 아니라, 하나님의 은혜 가운데 그들에게 주어진 구원의 기회입니다. 교회에 대한 호기심이 예수님을 알고 싶어하는 마음으로 이어지도록 지속적인 관심을 가지고 그들을 대해야 합니다.

더불어 나눔

1. 새가족을 양육하는 것을 부모가 자녀를 양육하는 것과 비교하여 적용할 수 있는 부분을 한 가지씩 나누어 봅시다.

____

____

____

2. 새가족의 삶과 배경을 고려한 결과, 그들이 복음에 대해 마음 문을 잘 열게 되었던 경험이 있었다면 함께 나누어 봅시다.

____

____

____

마음 밭에 심기

주제 말씀 암송

우리는 구원받는 자들에게나 망하는 자들에게나 하나님 앞에서 그리스도의 향기니 고린도후서 2:15

마음에 새기기

새가족 양육은 한 영혼을 구원하여 하나님의 신실한 일꾼으로 세우는 일입니다

1. 새가족 양육은 생명을 다루는 일이므로 각별한 주의와 진심 어린 헌신이 필요합니다.
2. '양육자가 얼마나 신앙생활에 본이 되고 진실한 모습을 보여 주느냐'에 따라 새가족 양육의 성공 여부가 달려 있습니다.

새가족 양육에는 네 단계가 있습니다

1. 어떤 사람을 처음 교회로 데려오는 '인도 단계'가 있습니다.
2. 인도한 새가족을 결신시키고 등록시키는 '정착 단계'가 있습니다.
3. 등록한 새가족이 신앙생활의 기틀을 잡도록 이끄는 '교육 단계'가 있습니다.
4. 장성한 분량에 이르도록 돕는 '훈련 단계'가 있습니다.

새가족에 대해 이해하는 것이 그들의 마음을 열기 위한 첫 단추입니다

1. 새가족의 유형에 따라 돌봄과 교육의 방식을 달리할 수 있습니다.
2. 새가족을 이해하려면 그들이 처한 삶의 환경과 그들의 삶의 필요를 잘 이해해야 합니다. 문제와 어려움을 겪고 있다면 그들의 마음을 진심으로 공감할 줄 알아야 합니다

제3과

새가족을 인도하고 정착시키기까지

-양육을 위한 선행 단계-

오늘 우리는...

- 이 과를 통해, 복음을 접한 적이 없는 비신자였던 새가족을 교회에 정착시키는 방법에 대해 알게 됩니다.
- 이 과를 통해, 과거에 교회에 출석한 경험이 있거나 교회를 옮긴 새가족을 정착시키는 방법에 대해 알게 됩니다.

마음 문 열기

미국 플로리다로 향하는 버스 안에 한 사나이가 몸을 움츠리고 앉아 고개를 떨어뜨리고 있었습니다. 이 사람은 뉴욕 교도소에서 3년 동안 수감되어 있다가 출소하여 집으로 돌아가는 길이었는데, 과연 아내가 자신을 용서해 줄지 염려하고 있었습니다. 그는 감옥에서 나오기 전에 아내에게 편지를 썼습니다.

"사랑하는 여보, 나는 지금까지 당신에게 실망만 안겨 주었습니다. 하지만 만약 당신이 부족한 나를 다시 맞아 줄 의향이 있다면 집 앞에 있는 떡갈나무에 긴 노란 리본 하나를 매달아 주길 바랍니

다. 만약 노란 리본이 걸려 있으면 나는 정거장에서 내려 당신과 함께 새롭게 출발하겠습니다. 하지만 당신이 노란 리본을 걸지 않아도 당신을 원망하지 않겠습니다. 그리고 그대로 지나가 다른 곳에서 새로운 삶을 시작하겠습니다."

버스 안에 있던 모든 승객이 이 사연을 알게 되었고, 그의 집이 가까워질 때쯤 승객들도 함께 마음을 졸였습니다. 버스가 그의 동네로 들어갔을 때 갑자기 온 승객이 "와!" 하고 환호성을 질렀습니다. 그 소리에 그가 눈을 들어보니 떡갈나무에 하나가 아니라 수백 개의 리본이 가지마다 달려 있었습니다. 혹시 그가 못 보고 지나칠까 봐 아내는 그 많은 노란 리본을 달아 놓았던 것입니다. 이 일이 계기가 되어 미국에서 노란 리본은 집을 떠난 사람이 무사히 돌아오는 것의 상징이 되었습니다.

여기서 잠깐

죄악 가운데 있던 누군가가 교회에 찾아오고 정착하여 예수님을 만나게 되었을 때, 그 모든 과정을 바라보시는 하나님의 마음은 어떠실까요?

---

1. 비신자였던 새가족을 정착시키는 방법

비신자였던 새가족에게는 더욱 특별한 관심과 배려를 기울여야 합니다. 그들은 이제껏 하나님을 알지 못했고, 단 한 번도 신앙생활을 하지 않았기 때문입니다. 그들은 복음을 처음 받아들이는 상황, 즉 어둠에서 빛 가운데로 들어서는 중요한 순간에 놓여 있습니다. 그만큼 양육자들이 많은 준비와 노력으로 그들의 정착을 도와야 합니다. 특별히 교회에 처음 왔을 때 더욱 따뜻하고 친절한 자세로 환영해야 합니다.

가. 연락과 방문을 통해 꾸준한 관심 보이기

비신자였던 새가족은 교회에 온 첫 날에 결신하고 등록할 수 있습니다. 그러나 바로 등록하지 않는 경우가 더 많습니다.

이 경우, 새가족 양육자들은 그들이 계속해서 교회에 나와 정착할 수 있도록 노력해야 합니다. 기본적으로 전화나 문자 메시지, 이메일 등을 통해 꾸준히 관심을 가지고 연락을 해야 하며, 직접 방문하여 만나는 방법도 활용해야 합니다.

이때 무엇보다 중요한 것은 영혼을 사랑하는 마음으로 그들을 바라보는 것입니다. 비신자였던 새가족이 결신을 하고 교회에 등록한다는 것은 단지 성도가 한 명 더 늘어나는 차원을 뛰어넘습니다. 다 죽어가는 사람이 기적적으로 살아나는 것보다도 더 놀랍고 위대한 일입니다. 영원한 죽음의 길에 있던 사람이 영원한 생명의 길로 들어서는 사건이기 때문입니다.

> 너희가 알 것은 죄인을 미혹된 길에서 돌아서게 하는 자가
> 그의 영혼을 사망에서 구원할 것이며
> 허다한 죄를 덮을 것임이라 야고보서 5:20

새가족 양육자는 사랑하는 내 가족의 생명을 구한다는 마음으로 새가족을 바라보아야 합니다. 이러한 마음과 시각으로 다가선다면 자연히 높은 관심이 지속될 수밖에 없습니다. 그들이 정착할 때까지 진심 어린 관심을 기울이며, 끈기 있게 연락하고 찾아가도록 합니다. 양육자의 이러한 관심과 사랑이 처음 교회에 나온 새가족의 마음의 문을 열게 만듭니다.

> 눈물을 흘리며 씨를 뿌리는 자는 기쁨으로 거두리로다 시편 126:5

나. 작은 교회인 소그룹 공동체 활용하기

비신자들에게 '교회'란 곳은 익숙하지 않습니다. 새로운 공동체에 몸담는 것 자체가 부담스러울 수 있습니다. 이런 성향 때문에 소그룹 공동체를 통해 먼저 교회를 경험하도록 하는 것도 좋은 방법입니다.

새가족을 위한 소그룹 공동체는 일반적으로 양육자의 가정에서 형성될 수 있습니다. 친밀한 관계의 지인들끼리 서로의 집에 모여 함께 시간을 보내듯, 비신자들을 양육자의 집으로 초대하여 친교를 나누고, 그 가운데서 자연스럽게 복음을 접할 수 있게 하는 것입니다.

초대교회에서도 가정은 교회로서 중요한 역할을 감당했습니다. 그들은 가정교회에 함께 모여 교제하고, 문안하며, 서로 위로하였습니다.

라오디게아에 있는 형제들과 눔바와
그 여자의 집에 있는 교회에 문안하고 골로새서 4:15

두 사람이 옥에서 나와 루디아의 집에 들어가서
형제들을 만나 보고 위로하고 가니라 사도행전 16:40

이 경우 비신자들은 소수의 기존 성도들과 함께 친밀하게 교제하는 가운데서 교회생활을 먼저 경험할 수 있게 됩니다. 소그룹 공동체를 통해 교회를 자연스럽게 접할 수 있는 것입니다. 이런 방법을 활용한다면 교회생활에 대한 부담으로 복음을 멀리했던 사람들도 자연스럽게 교회에 출석하고, 신앙생활에 입문할 수 있습니다.

다. 말씀과 기도를 통해 교제하기

새가족을 만날 때 어떤 도구를 활용하느냐에 따라 새가족의 정착 여부가 달라지기도 합니다. 새가족을 정착시키기 것은 언변이나 설득의 기술, 친절만으로 될 수 있는 것이 아닙니다.

비신자를 인도하는 데에는 반드시 기도와 말씀(성경)이 있어야 합니다. 비신자였던 새가족을 정착시킬 때 친교에 집중하다가 본질적인 이 두 가지를 놓치는 경우가 있습니다. 간혹 그들에게 이질감을 줄 수 있다는 생각에 기도와 말씀을 배제하기도 합니다.

그러나 이 두 가지 도구는 인간의 생각을 뛰어넘는 역사를 일으키는 능력을 가지고 있습니다. 또한 거듭난 삶으로 인도하는 강력한 힘을 가지고 있습니다. 그러므로 비신자였던 새가족과 접촉할 때 기도와 말씀을 통한 정공법을 늘 수반해야 합니다.

하나님의 말씀과 기도로 거룩하여짐이라 디모데전서 4:5

첫 번째로, 중보기도가 필요합니다. 양육자는 충분히 기도로 준비하고, 비신자를 위해 중보기도하며 하나님의 역사하심과 도우심을 구해야 합니다. 때때로 새가족과 함께 기도하는 시간을 갖고, 그들의 형편과 처지를 아뢰며 하나님께 도움을 구하는 기도를 하는 것도 필요합니다. 기도는 단순한 말에 그치는 것이 아니라, 성령님 안에서 놀라운 역사를 일으키는 힘을 발휘하기 때문입니다.

> 이르시되 기도 외에 다른 것으로는
> 이런 종류가 나갈 수 없느니라 하시니라 마가복음 9:29
>
> 이러므로 우리도 항상 너희를 위하여 기도함은
> 우리 하나님이 너희를 그 부르심에 합당한 자로 여기시고
> 모든 선을 기뻐함과 믿음의 역사를
> 능력으로 이루게 하시고 데살로니가후서 1:11

두 번째로, 새가족에게 말씀을 전할 때 성령님께서 그 말씀을 통해 역사해 주신다는 것을 기억해야 합니다.

> 베드로가 이 말을 할 때에 성령이 말씀 듣는
> 모든 사람에게 내려오시니 사도행전 10:44

처음에는 비신자였던 새가족이 성경말씀을 낯설어하고 어색해할 수 있습니다. 그러나 말씀의 능력이 어느 순간에 그들의 마음 가운데 강하게 역사할지 모릅니다. 그러므로 양육자는 말씀 자체의 권위와 능력을 신뢰하며 대화 속에서 말씀을 자주 인용해야 합니다.

> 하나님의 말씀은 살아 있고 활력이 있어 좌우에 날선 어떤 검보다도
> 예리하여 혼과 영과 및 관절과 골수를 찔러 쪼개기까지 하며
> 또 마음의 생각과 뜻을 판단하나니 히브리서 4:12

2. 신앙생활을 중단했던 새가족을 정착시키는 방법

한동안 신앙생활을 중단했다가 다시 교회를 찾은 사람들이 있습니다. 어린 시절 교회에 다니다가 중단한 것일 수도 있고, 얼마 전까지 다니다가 잠깐 중단한 것일 수도 있습니다. 어떠한 경우든 다시 교회 문을 두드린 사람들 역시 새가족이므로 따뜻하게 환영해 주어야 합니다. 그리고 그들이 다시는 신앙생활을 중단하지 않고 정착할 수 있도록 도와야 합니다.

그들은 과거에 신앙생활을 했던 사람들이었기 때문에 닫힌 마음을 열어 주는 과정이 가장 중요합니다.

가. 과거의 상처를 어루만져 주기

신앙생활을 중단한 데에는 반드시 이유가 있습니다. 새가족의 마음에 여러 가지 사연과 상처가 있을 수 있습니다. 양육자는 그러한 마음을 어루만져 주는 일부터 시작해야 합니다.

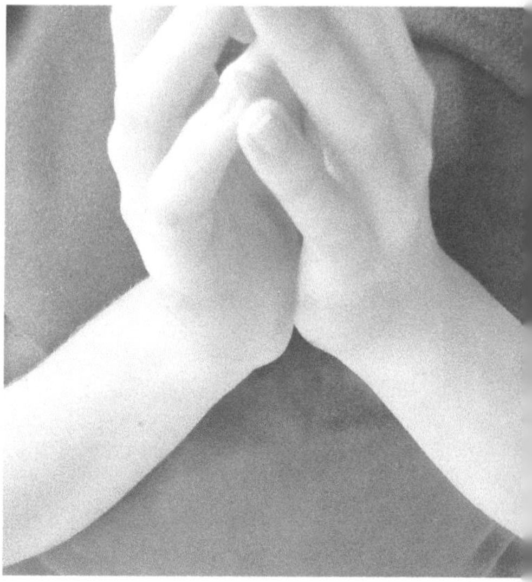

양육자는 진실한 사랑으로 그들이 마음 문을 열 때까지 꾸준히 상담해 주어야 합니다. 만약 새가족이 신앙생활을 중단하게 된 원인이 이전에 출석하던 교회나 함께 신앙생활을 하던 성도에게

있다면 양육자는 진지한 대화와 기도를 통해 그가 그러한 경험에 더 이상 묶여있지 않도록 도와야 합니다. 여기서 양육자가 새가족의 상처와 아픔에 공감을 표현하는 것이 중요합니다. 그러나 새가족에게 상처가 있다고 해서 양육자가 이전 교회와 성도에 대해 비판적인 태도를 보이는 것은 지혜롭지 못합니다.

나. 되찾은 자녀를 향한 하나님의 마음 전하기

새가족이 신앙생활을 중단했다가 다시 교회를 찾은 데에는 이유가 있습니다. 그 계기가 무엇인지에 대해서 관심을 두면서 그 안에 담긴 하나님의 뜻을 가르쳐 주어야 합니다. 새가족이 다시 교회를 찾게 된 것은 우연이 아니라 하나님께서 주신 은혜입니다. 양육자는 새가족이 이 사실을 받아들일 수 있게 해주어야 합니다. 다시 교회를 찾은 것이 자칫 어색할 수도 있지만, 그들에게 하나님께서 그들을 얼마나 기다리셨고 돌아온 그들을 기뻐하시는지를 분명히 전해야 합니다.

> 내가 너희에게 이르노니 이와 같이 죄인 한 사람이 회개하면
> 하늘에서는 회개할 것 없는 의인 아흔아홉으로 말미암아
> 기뻐하는 것보다 더하리라 누가복음 15:7
>
> 아버지는 종들에게 이르되 제일 좋은 옷을 내어다가 입히고
> 손에 가락지를 끼우고 발에 신을 신기라
> 그리고 살진 송아지를 끌어다가 잡으라
> 우리가 먹고 즐기자 이 내 아들은 죽었다가 다시 살아났으며
> 내가 잃었다가 다시 얻었노라 하니
> 그들이 즐거워하더라 누가복음 15:22-24

3. 교회를 옮겨 온 새가족을 정착시키는 방법

다른 교회에 소속되어 있던 성도가 이사 등의 개인적인 사정 때문에 교회를 옮기게 되는 경우가 있습니다. 요즘은 이러한 성도들의 수가 증가하고 있기 때문에 양육자는 이들에게 관심을 기울이며, 맞춤형 양육을 진행해야 합니다.

가. 교회에 대한 분명한 소개와 안내

꾸준히 신앙생활을 했다고 하더라도 새로운 교회에 등록하는 데에는 여러 가지 갈등을 경험할 수 있습니다. 만약 이전 교회와 다른 교단에 속한 교회로 옮긴 경우라면 약간의 이질감을 느낄 수도 있습니다. 기독교의 근본 진리는 같으나, 그 진리를 설명하기 위한 각 교단의 교리에는 차이가 있을 수 있기 때문입니다. 그뿐만 아니라 같은 교단 안에서도 교회에 따라 신앙생활의 방향성, 강조점, 전반적인 분위기 등이 다를 수 있습니다.

양육자는 기존 성도인 새가족이 혼란을 느끼지 않도록 '교회마다 다르게 나타날 수 있는 차이'에 대해 미리 설명해 주어야 합니다. 특별히 부분적으로 다를지라도 궁극적인 진리는 다르지 않음을 알려 주어야 합니다. 또한 교회마다 방향성이나 강조점이 다른 것은 하나님께서 각 교회에 맡겨 주신 사명이 다르기 때문임을 분명하게 가르쳐 주어야 합니다. 성경을 보면 주님께서 소아시아의 일곱 교회를 향해 메시지를 주실 때에도 교회의 상황과 사명에 따라 각기 다른 메시지를 주셨음을 알 수 있습니다.

이르되 네가 보는 것을 두루마리에 써서
에베소, 서머나, 버가모, 두아디라, 사데, 빌라델비아, 라오디게아 등
일곱 교회에 보내라 하시기로 요한계시록 1:11

더불어 등록 이후에도 새로운 교회에서의 생활에 적응할 수 있도록 우리 교회가 가지고 있는 특징들에 대해 가르쳐 주어야 합니다. 기존 그리스도인인 새가족은 기독교의 기본 진리에 대해서는 이미 잘 알고 있는 경우가 많으므로 '어떻게 새로운 환경에 적응할 것인가?'가 더 중요한 문제일 수 있습니다. 그러므로 우리 교회가 가진 특징들, 특히 예배의 종류 및 형식, 교회 활동, 교회의 목표, 담임목사의 목회 철학 등을 잘 안내해 주어야 합니다.

나. 사역의 끈을 이어 주기

이전에 다니던 교회에서 여러 해 동안 신앙생활을 했던 성도의 경우, 평신도 사역의 경험이 풍부할 수 있습니다. 교구나 소그룹에서 활발하게 활동했을 수 있고, 다양한 봉사 부서에서 헌신했을 수도 있습니다. 그런 경험을 소유한 성도들은 새로운 교회를 다니게 되었을 때 다시 활동하고 싶은 마음을 가지고 있습니다.

그러므로 양육자들은 이들이 전에 다니던 교회에서 어떤 사역을 감당했으며, 앞으로는 어떤 사역을 통해 헌신하고 싶은지를 대화를 통해 나누어야 합니다.

어떤 성도는 같은 사역을 이어 가고 싶어 하지만, 어떤 성도는 기존에 했던 것과는 다른 새로운 사역을 하고 싶어 할 수 있습니다. 양육자는 이 부분에 대해서도 분명하게 파악을 해야 합니다. 또한 어떤 성도는 하나님께 받은 달란트가 있음에도 이제껏 교회 안에서 활용하지 못했을 수 있습니다. 그러므로 양육자는 새가족이 그들의 은사와 달란트를 통해 하나님께 영광을 돌릴 수 있도록 도와주어야 합니다.

> 각각 은사를 받은 대로 하나님의 여러 가지 은혜를 맡은
> 선한 청지기 같이 서로 봉사하라 베드로전서 4:10

더불어 나눔

1. 새가족이 교회에 등록하기로 결심하는 데에는 여러 가지 이유가 있습니다. 과거부터 최근의 사례들을 떠올리며 그 동기들이 무엇이었는지에 대해 나누어 봅시다.

2. 한 영혼이 결신하였을 때 양육자로서 갖게 되었던 기쁨에 대해 말해 보고, 그 순간 하나님의 마음은 어떠하실 지도 생각해 봅시다.

마음 밭에 심기

주제 말씀 암송

내가 너희에게 이르노니 이와 같이 죄인 한 사람이 회개하면 하늘에서는 회개할 것 없는 의인 아흔아홉으로 말미암아 기뻐하는 것보다 더하리라 누가복음 15:7

마음에 새기기

비신자였던 새가족에게는 실제적인 노력이 수반되어야 합니다

1. 가족의 생명을 구한다는 마음으로, 연락과 방문 등의 방법을 통해 끊임없이 다가가야 합니다.
2. 가정에서 모이는 모임 등을 통해 신앙생활을 경험하게 함으로써 기독교와 교회에 친근감을 갖도록 도와주어야 합니다.
3. 새가족에게 다가갈 때에 기도와 말씀이 기본이 되어야 합니다.

신앙생활을 중단했던 새가족에게는 마음의 문을 열도록 도와주는 것이 중요합니다

1. 그들이 왜 신앙생활을 중단했는지를 대화를 통해 알아보고, 과거의 상처에서 회복하도록 도와야 합니다.
2. 그들을 향한 하나님의 사랑과 긍휼을 잘 전달해야 합니다.

교회를 옮겨 온 새가족에게는 우리 교회의 상황에 적응하도록 돕는 것이 중요합니다

1. 하나님께서 우리 교회에 맡기신 사명을 중심으로 우리 교회의 특징들을 미리 파악할 수 있게 해주어야 합니다.
2. 우리 교회에서도 활발히 사역할 수 있도록 도와주어야 합니다.

제4과

새가족을 교육하고 훈련시키기까지

-양육의 실제 단계-

오늘 우리는...

- 이 과를 통해, 새가족이 양육 과정을 거쳐 어떤 신앙인으로 거듭나야 하는지를 알게 됩니다.
- 이 과를 통해, 새가족이 신앙의 장성한 분량에 이르도록 훈련해야 할 요소를 알게 됩니다.

마음 문 열기

미국 보스턴의 어느 정신 병원에 한 소녀가 수용되어 있었습니다. 그 소녀는 갑자기 주위 사람들을 공격하는 정서 불안 증세가 심했습니다. 의사는 소녀에게 '회복 불가능'이란 판결을 내렸습니다. 그 소녀에게 사랑을 베푸는 사람은 아무도 없었습니다. 심지어 부모와의 연락도 완전히 단절되어 소녀는 고독한 나날을 보내고 있었습니다.

그런데 이 병원에 나이 많은 한 간호사가 있었습니다. 이 간호사는 매일 과자를 들고 소녀를 찾아와 돌보아 주었습니다. 진심을 담

아 "나는 너를 정말 사랑한단다."라고 말해 주며 6개월 동안 한결같은 사랑을 쏟았습니다. 소녀는 처음에는 아무 반응이 없었지만, 시간이 지나자 마음을 조금씩 열었습니다. 이후 간호사의 지속적인 사랑을 받은 소녀는 몸도 마음도 정상으로 회복되어 건강한 어른으로 성장할 수 있게 되었습니다.

바로 이 소녀가 훗날 헬렌 켈러를 가르친 설리번 선생님입니다. 과거에 그런 사랑을 받고 새 사람이 된 설리번은 어느 날 보지도, 듣지도, 말하지도 못하며 삼중고를 겪고 있는 헬렌 켈러라는 어린이를 돌볼 사람을 구한다는 기사를 보고 그녀를 찾았습니다. 그리고는 어릴적 나이 많은 간호사로부터 받았던 사랑을 평생 헬렌 켈러에게 쏟으며 헌신적인 삶을 살았습니다.

여기서 잠깐

내가 새가족에게 뿌린 양육의 씨앗이
훗날 어떤 열매가 될 것이라고 기대합니까?

1. 교인에서 성도로

가. 그리스도의 장성한 분량에 이르기

처음 신앙생활을 할 때에는 영적으로 아직 연약한 상태이며 모르는 것이 대부분입니다. 그래서 모든 것들을 하나하나 다 가르쳐 주어야 합니다. 그런 까닭에 새가족에게 다소 수동적인 모습이 나타날 수 있습니다.

> 때가 오래 되었으므로 너희가 마땅히 선생이 되었을 터인데
> 너희가 다시 하나님의 말씀의 초보에 대하여
> 누구에게서 가르침을 받아야 할 처지이니 단단한 음식은 못 먹고
> 젖이나 먹어야 할 자가 되었도다 히브리서 5:12

이 단계를 지나 하나님을 인격적으로 만나고 믿음이 삶의 차원으로 성장하게 되면 신앙생활의 처음 모습을 뛰어넘게 됩니다. 수동적이거나 형식적인 신앙생활이 아닌 자발적이고 주도적인 신앙생활을 할 수 있게 됩니다.

> 우리가 다 하나님의 아들을 믿는 것과
> 아는 일에 하나가 되어 온전한 사람을 이루어
> 그리스도의 장성한 분량이 충만한 데까지 이르리니 에베소서 4:13

이러한 양육자는 새가족이 하나님과 인격적인 만남을 가질 수 있도록 도와야 합니다. 인격적으로 만나는 것은 쉽게 말해 '하나님과 친해지는 것' 입니다. 또한 '하나님과 막힘없이 대화하고 교제하는 것' 입니다. 양육자는 새가족이 '하나님과의 인격적 만남' 을 사모할 수 있도록 자연스럽게 인도해 주어야 합니다.

나. 하나님의 자녀답게 사는 것

구원의 확신과 결신의 단계에서 새가족은 하나님의 자녀가 되는 놀라운 영광을 얻습니다. 이것은 인간의 노력과 상관없는 전적인 하나님의 은혜, 곧 '값없는' 은혜입니다.

> 그리스도 예수 안에 있는 속량으로 말미암아
> 하나님의 은혜로 값없이 의롭다 하심을 얻은 자 되었느니라 로마서 3:24

그런데 하나님의 값없는 은혜가 '값싼' 은혜가 되지 않게 하려면 하나님의 자녀는 성숙한 모습을 갖추어야 합니다.

즉, 성숙한 자가 되어야 합니다. 구원을 받아 하나님의 자녀가 되었다면 교육과 훈련을 통해 성숙한 자녀로 변화되어야 합니다.

> 이는 너희가 흠이 없고 순전하여
> 어그러지고 거스르는 세대 가운데서 하나님의 흠 없는 자녀로
> 세상에서 그들 가운데 빛들로 나타내며 빌립보서 2:15

양육자는 새가족에게 '철부지 자녀' 와 '성숙한 자녀' 의 차이를 분

명히 가르쳐 주어야 합니다. 또한 값없이 받은 하나님의 희생적 사랑을 깨달아 성숙한 자녀가 되도록 인도해야 합니다.

하나님의 사랑을 깨닫게 해주는 가장 좋은 방법은 양육자가 먼저 본이 되는 것입니다. 새가족에게 헌신적인 사랑을 베풀고 때로는 희생도 과감히 감수하며 양육한다면, 새가족은 그러한 양육자의 모습을 통해 하나님의 사랑을 느끼게 됩니다.

2. 교회 공동체의 한 지체로

교회는 예수님의 몸이며, 우리 각 사람은 예수님의 몸을 이루는 지체입니다. 우리 한 사람 한 사람이 예수님의 지체임을 알고 하나가 되어야 합니다. 새가족에게도 이러한 공동체 정신을 가르쳐 주어야 합니다.

> 교회는 그의 몸이니 만물 안에서
> 만물을 충만하게 하시는 이의 충만함이니라 에베소서 1:23
>
> 이와 같이 우리 많은 사람이 그리스도 안에서 한 몸이 되어
> 서로 지체가 되었느니라 로마서 12:5

가. 예배 공동체로의 초대

신앙생활의 중심은 예배입니다. 예배는 공적인 예배와 사적인 예배가 있습니다. 공적인 예배는 성도들이 정해진 시간에 한 장소에 함께 모여 드리는 예배입니다. 이에 비해 사적인 예배는 개인적으로 드리는 예배뿐 만 아니라 예배로서의 삶을 말합니다. 신앙이 성장할수록 사적인 예배의 성숙한 모습을 갖출 수 있으며, 성도들과 함께 드리는 공적인 예배 역시 신앙생활에 있어서 아무리 강조해도 지나침이 없습니다.

특히 새가족은 스스로 신앙을 키워 나가기가 어렵습니다. 따라서 성도들과 함께 드리는 예배에 참석함으로써 예배 가운데 임하시는 하나님을 만나 더 깊은 신앙인으로 성장해야 합니다.

당장은 새가족이 예배에 참여하는 것을 어려워할 수 있습니다. 예배 형식이 아직 어색할 수 있고, 새로운 모임에 참여하는 것이 부담스러울 수 있기 때문입니다. 그러나 예배에 꾸준히 참석하다 보면 언젠가는 그 안에서 역사하시는 하나님을 만나게 됩니다. 하나님께서는 성도들이 함께 모일 때 더욱 강하게 임재하시기 때문입니다. 양육자 역시 믿음을 가지고 인내함으로 그들을 인도해 주어야 합니다.

> 두세 사람이 내 이름으로 모인 곳에는
> 나도 그들 중에 있느니라 마태복음 18:20

양육자는 새가족이 주일 예배와 더불어 주중에 있는 다른 예배도 참여할 수 있도록 권면하고, 구역 예배와 같은 소그룹 예배에 적극적으로 참여할 수 있도록 안내해 주어야 합니다.

나. 친교 공동체로의 초대

교회 공동체가 세상의 공동체와 가장 다른 점은 바로 하나님의 사랑을 바탕으로 하고 있다는 점입니다. 그래서 교회 안에 사랑이 없으면 교회는 생명력을 잃은 공동체가 됩니다. 세상 공동체도 사랑과 섬김을 말하지만 결국에는 각자의 이익을 위한 경쟁, 혹은 개인의 만족과 성취를 우선하곤 합니다.

교회 공동체는 그 무엇보다 예수님께서 가르쳐 주신 진정한 사랑을 실천해야 합니다. 예수님께서 가르쳐 주신 사랑은 편견 없는 사랑, 조건 없는 사랑, 계층의 벽을 허무는 사랑, 희생적인 사랑입니다.

예수님께서 십자가 고난을 받으시기 전에 제자들을 향해 강조하셨던 것도 사랑입니다. 이 사랑은 구약의 모든 율법을 집약한 새 계명이기도 합니다.

새 계명을 너희에게 주노니 서로 사랑하라
내가 너희를 사랑한 것 같이 너희도 서로 사랑하라 요한복음 13:34

내가 이것을 너희에게 명함은
너희로 서로 사랑하게 하려 함이라 요한복음 15:17

새가족을 공동체의 친교에 참여하게 하려면 양육자가 사랑의 메신저가 되어야 합니다. 새가족이 양육자를 통한 교육과 훈련의 과정에서 먼저 예수님의 사랑을 풍성히 경험할 수 있게 해주어야 합니다. 그리고 그 사랑 안에 잠겨서 그들 역시 자연스럽게 사랑을 베푸는 사람이 되도록 세워 주어야 합니다.

3. 섬김 받는 자에서 섬기는 자로

가. 교회 안에서 섬기는 자로 세워 주기

새가족은 신앙 성장을 통해서 섬김 받는 자리보다 더 행복한 자리인 '섬기는 자'의 자리로 나아가야 합니다.

섬기는 자로 세워지는 원동력은 하나님께서 주신 은사입니다. 하나님께서는 새가족에게도 은사를 주시고 그 은사로 섬길 수 있게 하셨습니다.

> 각각 하나님께 받은 자기의 은사가 있으니
> 이 사람은 이러하고 저 사람은 저러하니라 고린도전서 7:7

양육자는 새가족이 교육과 훈련의 과정을 통해 자신이 받은 은사를 발견할 수 있게 해주어야 합니다. 또한 발견한 은사를 활용할 수 있게 지원해 주어야 합니다. 사역 지원서 등을 활용해 교회 내 관련 부서나 공동체에 연결해 주는 것도 좋은 방법입니다(은사 점검표 샘플은 성령 학교 8과에, 사역 지원서 샘플은 새가족 양육자 학교 8과에 나와 있습니다).

> 각각 은사를 받은 대로 하나님의 여러 가지 은혜를 맡은
> 선한 청지기 같이 서로 봉사하라 베드로전서 4:10

섬기는 자리로 들어서는 기본적인 과정 중 하나는 '직분'을 얻는 것입니다. 새가족도 신앙생활을 지속하면서 일정한 자격을 갖추면 직분을 받게 됩니다. 양육자는 이 직분이 얼마나 영광스러운 것인지를 가르쳐 주어 직분을 사모할 수 있게 하고, 직분이 주어졌을 때 감사하며 담대하게 감당해 나갈 수 있도록 이끌어 주어야 합니다.

> 돌에 써서 새긴 죽게 하는 율법 조문의 직분도 영광이 있어
> 이스라엘 자손들은 모세의 얼굴의 없어질 영광 때문에도
> 그 얼굴을 주목하지 못하였거든 하물며 영의 직분은
> 더욱 영광이 있지 아니하겠느냐 정죄의 직분도 영광이 있은즉
> 의의 직분은 영광이 더욱 넘치리라 고린도후서 3:7-9

또한 양육자는 새가족이 직분을 받기 전에 기도와 말씀으로 무장해 직분을 잘 감당할 수 있도록 도와주어야 합니다.

> 이에 이 사람들을 먼저 시험하여 보고 그 후에 책망할 것이 없으면
> 집사의 직분을 맡게 할 것이요 디모데전서 3:10

나. 세상에서 하나님의 영광을 위해 섬기는 자로 세워 주기

양육자는 새가족이 교회에서뿐만 아니라 세상에서도 하나님의 이름을 높이는 데에 재능을 사용하도록 가르쳐야 합니다.

그동안 자신의 재능을 잘 개발하고 활용하며 살아 온 사람들도 있을 것입니다. 그러나 이제는 자신과 세상적인 목적을 위해 재능을 사용할 것이 아니라, 그 재능을 하나님께서 허락하신 선물로 인정하고 본래의 목적(하나님께 영광 돌리는 것)대로 귀하게 사용해야 함을 가르쳐 주어야 합니다.

하나님께서 주신 재능을 활용하여 세상에서 하나님께 영광 돌리는

것은 곧 세상에서 섬기는 자로서 세워지는 것입니다. 섬김의 삶은 예수님께서 그의 삶과 사역을 통해 보여 주셨습니다. 예수님께서는 섬김을 통해 이 땅에서 하나님의 뜻을 이루셨습니다.

> 인자가 온 것은 섬김을 받으려 함이 아니라 도리어 섬기려 하고
> 자기 목숨을 많은 사람의 대속물로 주려 함이니라 마태복음 20:28
>
> 사람이 나를 섬기려면 나를 따르라 나 있는 곳에
> 나를 섬기는 자도 거기 있으리니 사람이 나를 섬기면
> 내 아버지께서 그를 귀히 여기시리라 요한복음 12:26

새가족이 하나님의 뜻대로 재능을 활용하여 섬기는 자가 되게 하려면, 먼저 양육자가 본이 되어야 합니다. 교회에서뿐만 아니라 세상에서도 재능을 적극적으로 활용해야 합니다. 양육자의 모습 하나하나가 새가족에게 '세상에서 어떻게 살아야 하는지' 를 가르쳐 주는 지침서입니다.

더불어 나눔

1. 새가족을 교육, 훈련하는 과정에서 때로는 남모르는 수고와 연단을 경험하기도 하지만 그들이 변화되어가는 과정을 보면서 세상이 줄 수 없는 기쁨을 경험할 수 있습니다. 그 이유가 무엇이라고 생각합니까?

2. 과거에 새가족이었던 성도가 지금은 지도자로서 활발하게 교회 사역에 참여하는 경우가 있습니다. 가장 인상 깊었던 성도의 사례에 대해 나누어 봅시다.

마음 밭에 심기

주제 말씀 암송

우리가 다 하나님의 아들을 믿는 것과 아는 일에 하나가 되어 온전한 사람을 이루어 그리스도의 장성한 분량이 충만한 데까지 이르리니 에베소서 4:13

마음에 새기기

새가족은 성숙한 성도로서 발돋움해 나가야 합니다

1. 하나님께서는 새가족이 속히 그리스도의 장성한 분량에 이르길 원하십니다.
2. 새가족이 성숙한 하나님의 자녀가 될 수 있도록 양육자는 본이 되어야 합니다.

새가족은 공동체와 함께하는 시간을 통해 주 안에서 하나되어 갑니다

1. 공적 예배에 참여하여 하나님을 만나야 합니다.
2. 다양한 예배에 인도함으로써 더 깊은 신앙의 단계에 이르게 해야 합니다.
3. 친교의 자리를 통해 세상에서는 경험하지 못한 예수님의 사랑을 나눠 주어야 합니다.

새가족은 섬기는 자로서 성장해 나가야 합니다

1. 은사를 발견하고, 그것을 활용하여 교회에서 다양한 사역과 직분을 잘 감당할 수 있도록 인도해 주어야 합니다.
2. 하나님께서 주신 재능을 세상에서도 적극적으로 활용하여 하나님께 영광 돌리는 삶을 살도록 가르쳐야 합니다.

제5과

새가족을 위한 구원의 핵심 1

오늘 우리는...

- 이 과를 통해, 우리에게 구원이 필요한 이유를 가르칠 수 있게 됩니다.
- 이 과를 통해, 우리를 향한 하나님의 구원과 사랑에 대해 전할 수 있습니다.

마음 문 열기

어느 날 다리에서 일하는 한 사람이 아들을 데리고 출근했습니다. 그 다리는 기차가 다니는 철교로, 강을 지나는 배가 다리 밑을 통과할 수 있도록 열고 닫을 수 있는 다리였습니다. 그가 하는 일은 배가 지나갈 때에 다리를 열고 닫는 일이었습니다. 그는 아들을 다리 옆 강가에서 낚시를 하도록 하고 조종실에 올라갔습니다. 멀리서 배가 접근하는 것을 본 그는 다리가 열리도록 레버를 조작해 놓고는 잠시 조종실의 다른 부분들을 점검하고 있었습니다. 그 사이 배가 지나갔고, 다리가 아직 열려 있는 상태에서 기차가 예정보다 빨리 철교를 향해 달려오고 있었습니다. 그러나 그는 기차

가 오는 것을 눈치 채지 못하였습니다. 그때 낚시를 하던 아들이 먼저 기차를 발견하고 그를 향해 소리쳤습니다. 하지만 그는 아들이 소리치는 것도 듣지 못했습니다. 아들은 사고를 막기 위해 수동으로 다리를 닫는 레버를 조작하려고 다리에 올라갔다가 개폐기가 작동하는 곳에 빠지고 말았습니다.

잠시 후 기차가 오는 것을 발견한 그는 서둘러 다리를 닫으려고 하다가 아들이 기계에 떨어져 빠져나오지 못한 것을 보았습니다. 그가 아들을 살리기 위해 다리를 닫으면 아들이 기계에 끼여 죽게 되고, 다리를 닫지 않으면 큰 사고가 나 기차에 타고 있는 승객의 목숨이 위태로운 상황이었습니다. 결국 그는 고통스러운 눈물을 흘리며 다리를 닫아 아들의 목숨을 버리고 승객들의 목숨을 구하였습니다.

여기서 잠깐

우리를 살리시기 위해 독생자 예수 그리스도를 희생시키신 하나님의 사랑을 새가족에게 어떻게 전할 수 있을까요?

배움과 익힘

1. 인간은 어떤 존재인가?

가. 죄 가운데 거하는 인간

오늘날 인간의 삶은 고통의 연속입니다. 사람들은 모두 행복을 찾지만, 세상의 무의미하고 무가치한 것들에 얽매여 불행한 하루하루를 살아갑니다. 그러나 성경은 인간이 본래 행복한 존재로 지음 받았다고 말씀합니다. 인간은 다른 피조물과 달리 하나님의 형상과 모양대로 지음 받았고, 하나님의 생기로 살게 된 존재입니다. 오직 인간만이 하나님과 교제할 수 있는 특권을 부여받았습니다.

> 하나님이 이르시되 우리의 형상을 따라 우리의 모양대로
> 우리가 사람을 만들고 그들로 바다의 물고기와 하늘의 새와 가축과
> 온 땅과 땅에 기는 모든 것을 다스리게 하자 하시고
> 하나님이 자기 형상 곧 하나님의 형상대로 사람을 창조하시되
> 남자와 여자를 창조하시고 창세기 1:26-27
>
> 여호와(야훼) 하나님이 땅의 흙으로 사람을 지으시고
> 생기를 그 코에 불어넣으시니 사람이 생령이 되니라 창세기 2:7

인간이 불행한 삶을 살게 되고, 불완전한 존재가 된 것은 죄 때문입니다. 아담과 하와가 하나님께 죄를 지어 그 후손인 모든 인류가 죄의

지배 아래 들어가게 된 것입니다.

이로써 모든 인간은 죄 가운데서 죽을 수밖에 없는 운명에 처하게 되었습니다. 죄로 말미암아 인간은 하나님과 단절된 상태에서 가난과 질병, 저주 가운데 살게 되었습니다.

> 그러므로 한 사람으로 말미암아 죄가 세상에 들어오고
> 죄로 말미암아 사망이 들어왔나니 이와 같이 모든 사람이 죄를 지었으므로
> 사망이 모든 사람에게 이르렀느니라 로마서 5:12

양육자는 새가족에게 죄의 지배 아래 들어간 인간의 현실이 어떠한지를 분명히 일깨워 주어야 합니다.

나. 죄 때문에 죽을 수밖에 없는 인간

죄가 가져온 결과는 참혹합니다. 죄인 된 인간의 상태를 세 가지로 구분하여 설명할 수 있습니다.

1) 영적 사망

영적 사망이란 하나님께로부터 분리된 상태를 말합니다. 인간은 죄 때문에 하나님과 영적으로 단절되었고, 진노의 자녀가 되었습니다.

> 전에는 우리도 다 그 가운데서 우리 육체의 욕심을 따라 지내며
> 육체와 마음의 원하는 것을 하여 다른 이들과 같이
> 본질상 진노의 자녀이었더니 에베소서 2:3

2) 육체적 사망

죄 때문에 인간은 영원히 살 수 없게 되었습니다. 육신은 질병으로 고통당하게 되었고, 정신적으로 혼란과 결핍을 겪게 되었으며, 결국에는 죽어서 흙으로 돌아가게 되었습니다. 육체적 사망 역시 아담과 하와의 타락으로 생겨난 비극적 결과입니다.

> 네가 흙으로 돌아갈 때까지 얼굴에 땀을 흘려야 먹을 것을 먹으리니
> 네가 그것에서 취함을 입었음이라 너는 흙이니
> 흙으로 돌아갈 것이니라 하시니라 창세기 3:19

3) 영원한 사망

인간은 마지막 날에 하나님께 심판을 받게 됩니다. 그때 죄인은 영원한 멸망, 곧 두 번째 사망에 들어가게 됩니다. 영원한 형벌인 지옥에 가게 되는 것입니다. 이것이 영원한 사망입니다.

> 한번 죽는 것은 사람에게 정해진 것이요
> 그 후에는 심판이 있으리니 히브리서 9:27

> 그러나 두려워하는 자들과 믿지 아니하는 자들과 흉악한 자들과
> 살인자들과 음행하는 자들과 점술가들과 우상 숭배자들과
> 거짓말하는 모든 자들은 불과 유황으로 타는 못에 던져지리니
> 이것이 둘째 사망이라 요한계시록 21:8

2. 하나님의 구원 계획과 사랑

가. 스스로 구원할 수 없는 인간

죄로 말미암아 하나님과 인간 사이가 단절되었습니다. 그 결과 인간은 구원을 갈망하며 몸부림치지만 구원에 이를 수 없는 존재가 되었습니다. 인간이 아무리 선한 행동을 한다고 해도 하나님의 구원을 얻지 못합니다. 종교적 수양, 철학, 고도로 발달한 물질문명과 과학도 인간이 처한 죄의 문제를 해결해 줄 수 없습니다.

죄의 삯은 사망이므로 누구든지 자신의 죗값을 청산하지 않고는 하나님의 구원을 받아 영생을 얻지 못합니다. 인간은 오직 예수님을 통해서만 영생을 얻고 하나님 앞에 설 수 있습니다.

> 죄의 삯은 사망이요 하나님의 은사는
> 그리스도 예수 우리 주 안에 있는 영생이니라 로마서 6:23

양육자는 새가족이 자신의 힘으로는 구원에 이를 수 없다는 사실

을 분명히 깨닫게 해주어야 합니다.

나. 하나님의 공의와 사랑

하나님께서는 불순종하여 죄 가운데 있는 인간을 끝까지 사랑하시고 구원하기 원하셨습니다. 하나님의 구원 계획은 놀랍습니다. 바로 하나님의 독생자 예수님을 이 땅에 보내셔서 인간의 죄의 삯인 죽음의 형벌을 대신 당하게 하심으로 인간을 죄에서 해방시키는 것이었습니다.

공의로우신 하나님께서 왜 인간이 저지른 죄의 대가를 인간에게 요구하지 않으시고 예수 그리스도께서 감당하게 하셨을까요?

> 율법을 따라 거의 모든 물건이 피로써 정결하게 되나니
> 피흘림이 없은즉 사함이 없느니라 히브리서 9:22

인간은 모두 죄인이기 때문에 스스로를 구원할 수 없습니다. 죄 가운데 있는 인간이 구원을 얻기 위해서는 죄가 없는 완전한 인간의 희생과 대속이 필요합니다. 그래서 죄와 상관없으신 예수님께서 인간의 몸으로 이 땅에 오셔서 인류의 모든 죄를 짊어지고 저주의 십자가에 돌아가심으로 죗값을 치러 주셨습니다.

> 모든 사람이 죄를 범하였으매 하나님의 영광에 이르지 못하더니
> 그리스도 예수 안에 있는 속량으로 말미암아 하나님의 은혜로
> 값없이 의롭다 하심을 얻은 자 되었느니라 로마서 3:23-24

하나님께서는 인간을 사랑하셨기 때문에 공의로운 방법으로 인간을 구원하시기 원하셨습니다. 그리고 이를 위해 독생자 예수님을 보내셔서 희생 제물로 삼으셨습니다.

> 우리가 아직 죄인 되었을 때에
> 그리스도께서 우리를 위하여 죽으심으로 하나님께서
> 우리에 대한 자기의 사랑을 확증하셨느니라 로마서 5:8

하나님께서는 아들의 생명을 내어 주시기까지 우리를 사랑하셨습니다. 이 사랑이 바로 복음입니다. 세상에 이보다 기쁘고 좋은 소식은 없습니다.

양육자는 새가족에게 '인간을 구원하시는 하나님의 사랑'에 대해 전하고, 그 사랑의 역사를 지금부터 체험해 나가자고 말해 주어야 합니다.

3. 예수님의 고난과 죽음의 의미

양육자는 하나님의 구원 계획에 담긴 예수님의 고난과 죽음의 의미에 대해 새가족에게 가르쳐 줍니다.

가. 예수님의 고난이 갖는 의미

1) 인간의 가치가 어떠한지를 나타냄

하나님께서는 독생자 예수 그리스도를 십자가에 피 흘려 죽게 하시기까지 우리 인간을 사랑하십니다. 이는 우리가 하나님의 아낌없는 사랑을 받는 존재라는 것을 깨닫게 해줍니다.

> 까마귀를 생각하라 심지도 아니하고 거두지도 아니하며
> 골방도 없고 창고도 없으되 하나님이 기르시나니
> 너희는 새보다 얼마나 더 귀하냐 누가복음 12:24
>
> 이를 위하여 너희가 부르심을 받았으니 그리스도도 너희를 위하여
> 고난을 받으사 너희에게 본을 끼쳐 그 자취를 따라오게 하려 하셨느니라
> 그는 죄를 범하지 아니하시고 그 입에 거짓도 없으시며
> 욕을 당하시되 맞대어 욕하지 아니하시고 고난을 당하시되
> 위협하지 아니하시고 오직 공의로 심판하시는 이에게
> 부탁하시며 친히 나무에 달려 그 몸으로 우리 죄를 담당하셨으니
> 이는 우리로 죄에 대하여 죽고 의에 대하여 살게 하려 하심이라
> 그가 채찍에 맞음으로 너희는 나음을 얻었나니 베드로전서 2:21-24

2) 인간을 용서하시는 하나님의 사랑을 나타냄

죄에 대한 용서는 예수님의 십자가의 고난과 죽음을 통해 이루어진 하나님의 은혜입니다. 동시에 이것은 그 누구도 계획하고 실행할 수 없는 하나님의 위대한 사랑을 보여 줍니다. 이 사랑은 하나님만이 나타내실 수 있는 크고 놀라운 능력입니다.

> 하나님의 사랑이 우리에게 이렇게 나타난 바 되었으니
> 하나님이 자기의 독생자를 세상에 보내심은 그로 말미암아 우리를
> 살리려 하심이라 사랑은 여기 있으니 우리가 하나님을 사랑한 것이 아니요
> 하나님이 우리를 사랑하사 우리 죄를 속하기 위하여
> 화목 제물로 그 아들을 보내셨음이라 요한1서 4:9-10

나. 예수님의 죽음과 보혈의 의미

1) 구속

예수 그리스도를 믿으면 예수님의 보혈의 공로로 말미암아 하나님의 자녀가 됩니다. 또한 죄와 사탄의 권세 아래에서 벗어나 예수님께서 주신 참자유를 누리며 살아갈 수 있게 됩니다.

> 우리는 그리스도 안에서 그의 은혜의 풍성함을 따라
> 그의 피로 말미암아 속량 곧 죄 사함을 받았느니라 에베소서 1:7

2) 죄 사함

예수님의 보혈의 공로에 의지하여 회개하면 죄를 용서받습니다. 아담과 하와의 범죄로 말미암은 죄(원죄)뿐만 아니라, 우리가 살아가

면서 짓는 죄(자범죄)도 예수님의 보혈의 공로로 말미암아 용서받습니다.

> 그가 빛 가운데 계신 것 같이 우리도 빛 가운데 행하면
> 우리가 서로 사귐이 있고 그 아들 예수의 피가 우리를 모든 죄에서
> 깨끗하게 하실 것이요 요한1서 1:7

3) 의롭다 하심을 얻게 함

하나님께서는 예수님의 보혈의 공로를 통해 우리를 의인으로 인정해 주십니다. 따라서 우리가 의롭게 되는 것은 우리의 행위로 말미암는 것이 아니라, 오직 예수님의 보혈의 공로를 믿고 의지할 때 가능합니다.

> 그러면 이제 우리가 그의 피로 말미암아 의롭다 하심을 받았으니
> 더욱 그로 말미암아 진노하심에서 구원을 받을 것이니 로마서 5:9

4) 하나님과 화목하게 됨

예수님께서 오시기 전까지는 제사장을 통해서 하나님께 제사를 드릴 수 있었습니다. 그러나 예수님께서 이 세상에 오셔서 죽으시고 부활하심으로 말미암아 예수님을 믿고 의지하는 사람은 하나님과 대화하고 소통할 수 있게 되었습니다. 하나님과 우리 사이의 막힌 담이 허물어졌습니다.

그의 십자가의 피로 화평을 이루사
만물 곧 땅에 있는 것들이나 하늘에 있는 것들이 그로 말미암아
자기와 화목하게 되기를 기뻐하심이라 골로새서 1:20

5) 구별됨

예수님의 보혈로 말미암아 우리는 세상과 구별된 존재가 되었습니다. 세상의 법칙이 아니라 하나님의 법칙을 따르는 빛의 자녀로 세상을 살아갈 수 있습니다.

이는 너희가 흠이 없고 순전하여
어그러지고 거스르는 세대 가운데서 하나님의 흠 없는 자녀로
세상에서 그들 가운데 빛들로 나타내며 빌립보서 2:15

곧 하나님 아버지의 미리 아심을 따라 성령이 거룩하게 하심으로
순종함과 예수 그리스도의 피 뿌림을 얻기 위하여 택하심을 받은 자들에게
편지하노니 은혜와 평강이 너희에게 더욱 많을지어다 베드로전서 1:2

더불어 나눔

1. 예수님을 영접하기 전과 예수님을 영접하고 죄 사함 받은 후의 삶을 비교해 봅시다. 그리고 그 차이를 새가족에게 어떻게 전하면 좋을지 나누어 봅시다.

2. 새가족에게 하나님의 사랑에 대해 양육할 때, 비유할 만한 이야기가 있다면 함께 나누어 봅시다.

마음 밭에 심기

주제 말씀 암송

우리가 아직 죄인 되었을 때에 그리스도께서 우리를 위하여 죽으심으로 하나님께서 우리에 대한 자기의 사랑을 확증하셨느니라 로마서 5:8

마음에 새기기

인간은 죄인입니다

1. 인간은 불행과 고통 속에서 불완전하게 살아가는 존재입니다.
2. 인간이 불행한 이유는 아담과 하와의 불순종에서 비롯됩니다.
3. 죄의 세력에 문을 열어 준 인간은 영적 사망, 육체적 사망, 영원한 사망에 이르게 되었습니다.

하나님께서는 구원의 길을 열어 주셨습니다

1. 인간 스스로는 구원을 얻을 수 없습니다.
2. 공의의 하나님께서는 독생자 예수 그리스도를 통해 인간의 죗값을 치르게 하셨습니다.
3. 인간은 모두 죄인이기에 죄 없으신 예수님만이 죄의 대가를 대신 치러 주실 수 있습니다.

예수님의 고난과 죽음에는 하나님의 놀라운 사랑이 담겨 있습니다

1. 예수님께서는 하나님의 뜻에 따라 인간을 위해 이 땅에 오셔서 고난을 받으시고 십자가에 달려 돌아가셨습니다.
2. 예수님의 고난은 인간이 얼마나 가치 있는 존재인지, 하나님의 능력이 얼마나 위대하신지를 보여 줍니다.
3. 예수님의 보혈의 공로를 믿고 의지하면 모든 죄를 용서받고, 세상에서 구별된 의의 자녀로 살아가게 됩니다.

제6과

새가족을 위한 구원의 핵심 2

오늘 우리는...

- 이 과를 통해, 예수님을 믿고 영접하는 방법과 구원의 확신에 대해 가르칠 수 있게 됩니다.
- 이 과를 통해, 구원받은 자가 누리는 복과 구원받은 자의 삶에 대해 양육할 수 있게 됩니다.

마음 문 열기

어떤 사람이 외국을 방문하기 위해 배에 올랐습니다. 그런데 뱃삯을 치르고 나니 여비가 별로 남지 않았습니다. 목적지에서 사용하기에도 부족할 지경이었습니다. 그래서 그는 배에서 지내는 1박 2일 동안 절대로 돈을 쓰지 않겠다고 마음먹었습니다. 너무 배가 고팠지만 식당에 들어가지 않고 참고 또 참았습니다. 다른 승객들이 맛있는 음식을 먹는 모습을 부러운 시선으로 쳐다볼 뿐이었습니다. 그러나 배에 오른 지 하루가 다 되어 가자 더는 배고픔을 참을 수 없었습니다. 그는 식당 직원에게 "제가 음식을 사 먹을 돈

이 없습니다. 혹시 남는 음식을 주실 수 있나요? 배를 탄 후로 아무것도 먹지 못했습니다."라고 사정을 했습니다. 그러자 그 직원은 깜짝 놀라며 이렇게 대답했습니다. "네? 승객들은 여기 있는 음식들을 다 무료로 드실 수 있습니다. 뱃삯에 음식값이 다 포함되어 있습니다. 아무도 그 사실을 가르쳐 주지 않았나요? 어서 들어오셔서 마음껏 드세요!" 이 말은 들은 그는 너무나 허무했습니다. 그리고 그제야 식당에 들어가서 차려진 음식들을 마음껏 먹을 수 있었습니다.

하나님께서는 우리를 값없이 구원하시고 하나님의 자녀 된 축복을 누리게 하십니다. 우리는 우리가 받은 구원의 은혜가 어떠한 것인지를 온전히 깨닫고 그 축복을 누려야 합니다.

여기서 잠깐

구원이라는 최고의 선물을 받아들이지 못하고 있는 새가족에게 양육자가 해줄 수 있는 일은 무엇일까요?

배움과 익힘

1. 예수님을 믿음으로 얻는 구원

양육자는 새가족에게 어떻게 예수님을 영접할 수 있는지, 영접한 후 구원에 대해 확신을 갖는 방법은 무엇인지를 양육합니다.

가. 믿음과 영접

하나님께서는 예수님을 통해 놀라운 구원의 길을 열어 주셨습니다. 그렇지만 그것을 받아들이는 것은 우리의 선택입니다. 구원의 길을 제시해 주셨는데도 은혜를 거부한다면 구원을 받지 못합니다. 선물을 주셔도 받지 않으면 그 선물은 내 것이 되지 못합니다.

그렇다면 구원의 은혜를 받아 누리기 위해서는 어떻게 해야 할까요? 흔히 선한 일을 해야 구원받는다고 생각하지만 사실은 그 어떤 행위도 필요하지 않습니다. 그저 '믿기만' 하면 됩니다. 예수님만이 구원자가 되심을 입술로 시인하며, 예수님께서 나의 죄를 대속하기 위해 돌아가시고 다시 살아나셨음을 믿으면 됩니다.

> 네가 만일 네 입으로 예수를 주로 시인하며
> 또 하나님께서 그를 죽은 자 가운데서 살리신 것을 네 마음에 믿으면
> 구원을 받으리라 사람이 마음으로 믿어 의에 이르고
> 입으로 시인하여 구원에 이르느니라 로마서 10:9-10

> 너희는 그 은혜에 의하여 믿음으로 말미암아 구원을 받았으니
> 이것은 너희에게서 난 것이 아니요 하나님의 선물이라 에베소서 2:8

예수님을 믿는 것은 단순히 지적으로 동의하는 것이 아닙니다. 예수님을 나의 구주, 곧 내 삶의 구원자로 믿고 영접할 때 우리는 하나님의 자녀가 되는 권세를 부여받습니다.

> 영접하는 자 곧 그 이름을 믿는 자들에게는
> 하나님의 자녀가 되는 권세를 주셨으니 요한복음 1:12

믿음은 예수님을 구주로 시인하는 것과 동시에 예수님을 나의 삶의 주인으로 인정하고 섬기며 살겠다는 결단입니다.

> 내가 그리스도와 함께 십자가에 못 박혔나니 그런즉 이제는
> 내가 사는 것이 아니요 오직 내 안에 그리스도께서 사시는 것이라
> 이제 내가 육체 가운데 사는 것은 나를 사랑하사 나를 위하여 자기 자신을
> 버리신 하나님의 아들을 믿는 믿음 안에서 사는 것이라 갈라디아서 2:20

나. 구원의 확신

1) 주관적인 증거

구원을 받게 되면 하나님의 영이신 성령님께서 우리 안에 들어와 거하십니다. 성령님께서는 우리가 하나님의 자녀인 것을 증거해 주시며 우리의 마음속에 확신을 심어 주십니다.

너희는 다시 무서워하는 종의 영을 받지 아니하고
양자의 영을 받았으므로 우리가 아빠 아버지라고 부르짖느니라
성령이 친히 우리의 영과 더불어
우리가 하나님의 자녀인 것을 증언하시나니 로마서 8:15-16

2) 객관적인 증거

성령님께서는 하나님의 자녀 된 우리의 성품을 지속적으로 변화시키십니다. 이를 통해 우리의 삶에 '성령의 열매'가 맺히게 됩니다.

오직 성령의 열매는 사랑과 희락과 화평과 오래 참음과
자비와 양선과 충성과 온유와 절제니
이같은 것을 금지할 법이 없느니라 갈라디아서 5:22-23

성령의 열매를 맺으면 예수님을 닮아 가고 그로 인해 대인 관계에도 좋은 변화가 생깁니다. 사랑과 화목이 우리를 통해 흘러가고, 예수님을 믿지 않는 사람들에게 긍휼의 마음으로 복음을 전할 수 있게 됩니다. 이러한 모습은 우리가 구원받았다는 것을 말해 줍니다.

2. 구원받은 자가 누리는 복

양육자는 새가족에게 구원받은 후 경험하게 될 영육 간의 복에 대해 알려 줍니다.

가. 예수님의 부활에 동참하게 됨

예수님께서는 우리의 죄를 대속하기 위해 죽으셨다가 3일 후에 다시 살아나셨습니다. 예수님께서 단순히 십자가에서 죽기만 하셨다면 우리는 죄에서 완전한 구원을 받을 수 없을 것입니다. 그러나 예수님의 부활로 말미암아 우리는 완전한 구원을 얻고 영원한 생명을 누릴 수 있게 되었습니다.

예수님은 부활의 첫 열매로서 우리가 누릴 부활의 예표가 되셨습니다. 예수님의 부활로 말미암아 예수님을 믿는 자들도 마지막 날에 부활의 영광을 얻게 됩니다.

> 나를 보내신 아버지께서 이끌지 아니하시면 아무도 내게 올 수 없으니 오는 그를 내가 마지막 날에 다시 살리리라 요한복음 6:44
>
> 만일 우리가 그의 죽으심과 같은 모양으로 연합한 자가 되었으면 또한 그의 부활과 같은 모양으로 연합한 자도 되리라 로마서 6:5

나. 천국 백성이 됨

인간은 모두 죄인이기 때문에 영원한 사망에 이르러 결국 지옥에

갈 수밖에 없는 존재입니다. 그러나 예수님을 영접하면 영원한 생명을 얻게 됩니다. 그리고 하나님의 백성으로서 천국에서 영원히 살게 됩니다.

> 사망아 너의 승리가 어디 있느냐
> 사망아 네가 쏘는 것이 어디 있느냐 고린도전서 15:55
>
> 주께서 나를 모든 악한 일에서 건져내시고
> 또 그의 천국에 들어가도록 구원하시리니
> 그에게 영광이 세세무궁토록 있을지어다 아멘 디모데후서 4:18

또한 이 땅에서도 천국, 즉 하나님 나라를 경험하게 됩니다.

> 그러나 내가 하나님의 성령을 힘입어 귀신을 쫓아내는 것이면
> 하나님의 나라가 이미 너희에게 임하였느니라 마태복음 12:28

다. 전인 구원을 통한 삶의 변화를 누림

우리가 예수님을 영접하면 우리 안에 예수님께서 성령으로 임재하십니다. 이는 우리의 일부가 아닌 존재 자체가 변화되며 삶의 전반이 변화되는 것입니다.

> 내가 그리스도와 함께 십자가에 못 박혔나니 그런즉 이제는
> 내가 사는 것이 아니요 오직 내 안에 그리스도께서 사시는 것이라
> 이제 내가 육체 가운데 사는 것은 나를 사랑하사 나를 위하여 자기 자신을
> 버리신 하나님의 아들을 믿는 믿음 안에서 사는 것이라 갈라디아서 2:20

또한 예수님을 구주로 영접한 사람은 영혼의 축복과 범사의 축복, 육신이 강건하게 되는 축복을 누리게 됩니다. 인간의 생명과 생활의 모든 근원인 영혼이 먼저 잘되면 그 축복이 삶의 모든 활동과 노력, 환경과 조건을 포괄하는 '범사'가 잘되는 축복으로 이어집니다. 더불어 육신의 질병까지 고쳐지는 건강의 축복을 누리게 됩니다.

> 사랑하는 자여 네 영혼이 잘됨 같이
> 네가 범사에 잘되고 강건하기를 내가 간구하노라 요한3서 1:2

3. 구원받은 자의 삶

양육자는 새가족에게 예수님을 영접한 사람은 이전과 다른 변화된 삶을 살게 된다는 것을 가르쳐 주어야 합니다. 예수님을 영접한 사람에게 찾아오는 삶의 변화의 다음과 같습니다.

가. 감사의 삶

구원받은 사람은 하나님의 위대한 사랑과 예수님의 대속의 은혜에 감사하며 살아가야 합니다. 구원에 대한 감사의 삶을 살고 있다는 것은 그 사랑과 은혜를 가장 값진 것으로 받아들이고 있다는 증거입니다.

그러므로 우리가 흔들리지 않는 나라를 받았은즉 은혜를 받자
이로 말미암아 경건함과 두려움으로 하나님을 기쁘시게 섬길지니

히브리서 12:28

나. 죄를 멀리하는 삶

구원받은 사람은 구원받기 전에 행하던 죄를 버려야 합니다. 예수님의 십자가는 우리를 죄에서 해방시켜 하나님의 자녀다운 의로운 삶을 살게 하는 능력이 됩니다. 따라서 예수님의 보혈의 능력을 의지함으로 죄를 이겨야 합니다. 구원받은 후에도 여전히 남아 있는 잘못된 습관으로 인해 죄를 짓게 된다면 즉시 회개하고 하나님의 용서와 은혜를 구해야 합니다. 그렇게 할 때 하나님께서 기뻐하시는 거룩한 삶을 살아갈 수 있습니다.

우리가 알거니와 우리의 옛 사람이 예수와 함께
십자가에 못 박힌 것은 죄의 몸이 죽어 다시는 우리가 죄에게
종 노릇 하지 아니하려 함이니 로마서 6:6

다. 예수님을 의지하는 삶

구원받은 사람은 삶의 모든 상황 속에서 주인이신 예수님을 신뢰하고 따르는 삶을 살아야 합니다. 과거의 삶에서처럼 내 목표나 내 가치관을 따르는 것이 아닌, 예수님의 뜻에 순종하는 삶을 살아야 합니다. 또한 예수님보다 더 의지하고 따르는 것이 있다면 다 내려놓고 예수님만을 전적으로 의지하고 따라야 합니다.

> 너희 염려를 다 주께 맡기라
> 이는 그가 너희를 돌보심이라 베드로전서 5:7

라. 말씀 실천의 삶

구원받은 사람은 하나님의 말씀인 성경을 배우고 성경의 기준에 맞는 삶을 살아야 합니다. 하나님께서는 성경말씀을 통해 자녀를 가르치시고 인도해 주십니다.

> 모든 성경은 하나님의 감동으로 된 것으로
> 교훈과 책망과 바르게 함과 의로 교육하기에 유익하니 디모데후서 3:16

말씀을 지키며 사는 것이 처음에는 쉽지 않습니다. 말씀에 담긴 의미와 그 말씀이 오늘을 사는 우리에게 무엇을 명령하는지 깨닫지 못할 때가 있기 때문입니다. 또한 말씀은 영의 양식이기 때문에 세상에서 살아가면서 말씀을 지키려고 하면 고난과 핍박을 받을 때도 있습니다. 그러나 하나님께서는 우리에게 멍에를 씌우려고 말씀을 주신 것이 아닙니다. 말씀을 지킬 때 우리는 진리 안에서 참자유를 누릴 수 있고, 하나님의 축복을 받을 수 있습니다. 말씀은 우리를 영원한 생명의 길로 이끌어 주는 축복의 안내서이자, 우리를 향한 하나님의 사랑의 표현입니다.

> 하나님을 사랑하는 것은 이것이니 우리가 그의 계명들을 지키는 것이라
> 그의 계명들은 무거운 것이 아니로다 요한1서 5:3

더불어 나눔

1. 내가 처음 예수님을 영접했을 때의 상황을 나누어 봅시다. 그중에 새가족에게 적용하기 좋은 사례가 있다면 함께 이야기 나누고 새가족 양육에도 활용해 봅시다.

2. 새가족을 양육하는 가장 좋은 방법은 양육자가 삶의 본이 되는 것입니다. 지난 한 주를 돌아보며 구원받은 자로서 합당한 삶을 살았는지를 나누어 봅시다.

마음 밭에 심기

주제 말씀 암송

네가 만일 네 입으로 예수를 주로 시인하며 또 하나님께서 그를 죽은 자 가운데서 살리신 것을 네 마음에 믿으면 구원을 받으리라 사람이 마음으로 믿어 의에 이르고 입으로 시인하여 구원에 이르느니라 로마서 10:9-10

마음에 새기기

예수님을 믿고 영접해야 구원의 은혜를 누릴 수 있습니다

1. 하나님께서 구원의 선물을 예비하셨어도 그것이 예수님을 믿는 자에게 값없이 주시는 놀라운 은혜이자 축복인 것을 모르고 받아들이지 않는다면 구원의 은혜를 누릴 수 없습니다.
2. 예수님을 영접하는 것은 예수님을 나의 구주로 시인하고 마음으로 믿으며 예수님을 삶의 주인으로 모시고 섬기며 살겠다는 결단입니다.
3. 구원의 확신은 내적 증거, 외적 증거를 통해 분명히 알 수 있습니다.

구원받은 사람은 하나님께서 주시는 영·혼·육의 복을 누릴 수 있습니다

1. 부활의 예표가 되신 예수님처럼 우리도 부활의 영광을 누리게 됩니다.
2. 마지막 때에 천국에 들어가는 영광을 얻고, 이 땅에서도 하나님의 나라를 경험하게 됩니다.
3. 영혼이 잘되고 범사가 잘되고 강건케 되는 전인 구원의 복을 누립니다.

구원받은 자는 이전과 다른 삶을 살아야 합니다

1. 감사의 고백이 넘치는 삶, 죄를 멀리하는 삶을 살아야 합니다.
2. 구주 되시는 예수님께 내 모든 것을 맡기고 철저히 따르는 삶을 살아야 합니다.
3. 하나님 아버지의 말씀을 실천하는 삶을 살아야 합니다.

제7과

신앙생활의 실제

오늘 우리는...

- 이 과를 통해, 새가족의 신앙생활을 위해 우선하여 가르쳐야 할 것들을 알게 됩니다.
- 이 과를 통해, 새가족의 예배와 교회 생활 적응을 위해 필수적으로 가르쳐야 할 것들을 알게 됩니다.

마음 문 열기

어느 주일에 아홉 살짜리 소녀가 교회를 찾아왔습니다. 예배 후 소녀는 분반 공부에 참석했는데, 선생님이 아이들에게 돌아가면서 성경을 한 구절씩 읽자고 하였습니다. 당시는 세로쓰기 성경을 쓰던 때였는데 소녀는 세로쓰기 성경을 처음 봐서 어떻게 읽어야 할지 당황스러웠습니다. 그래서 자기 차례가 됐지만 읽지 않고 계속 뜸을 들였습니다. 그러자 선생님은 그 소녀가 아직 글을 읽을 줄 모른다고 생각하고는 아이들에게 "애들아, 오늘 처음 온 친구가 아직 한글을 모르는 것 같구나. 그러니 친구가 한글을 빨리 뗄 수 있도록 다 함께 기도하자."라고 말했습니다. 물론 선생님은 그

소녀를 배려하는 마음에 그런 말을 했지만, 소녀는 너무나 부끄러웠고 한편으로는 억울했습니다. 소녀는 이 일로 상처를 받고 그 후로는 교회에 나가지 않게 되었습니다.

여기서 잠깐

새가족은 신앙생활에 익숙하지 않습니다.
그런 새가족을 위해 양육자가 특별히
주의해야 할 것은 무엇일까요?

---

1. 신앙생활을 위한 실제

신앙생활은 말 그대로 생활입니다. 생활 속에서 하나님을 만나고 하나님을 의지하며 하루하루를 살아가는 것입니다. 양육자는 새가족이 하나님과 동행하는 삶을 살 수 있도록 인도해 주어야 합니다. 교회 공동체 안에서 함께하는 것뿐만 아니라, 스스로 신앙을 위해 개인 기도와 성경 읽기 등의 기본적인 경건 훈련을 할 수 있는 방법들을 가르쳐 주어야 합니다.

가. 기도 생활로의 초대

첫째, 새가족이 기도를 형식적으로 이해하지 않도록 '기도는 하나님과 대화하는 것' 임을 알려 주어야 합니다. 하나님은 영이시므로 육안으로는 보이지 않지만 우리가 구하는 것을 하나하나 다 들으신다고 가르쳐 주어야 합니다.

> 여호와(야훼)께서 내 간구를 들으셨음이여
> 여호와(야훼)께서 내 기도를 받으시리로다 시편 6:9

둘째, 새가족은 아직 기도가 익숙하지 않기 때문에 순서에 따라 기도할 수 있도록 안내해 주는 것이 좋습니다. 기도는 먼저 그동안의 잘못에 대해 회개하고(회개기도), 그동안 받은 하나님의 은혜와 도우심에 대해 감사하고(감사기도), 내가 믿고 신뢰하는 하나님께 구하고자 하는 것을 아뢰는(간구기도) 순서로 진행됨을 가르쳐 줍니다. 이 외에도 다른 사람을 위해 하나님께 구하는 '중보기도'가 있음을 가르쳐 줍니다.

셋째, 기도를 마칠 때에는 '예수님의 이름으로 기도드립니다. 아멘.'으로 마치도록 가르쳐 줍니다.

넷째, 예배를 드릴 때만이 아니라 평상시에도 스스로 기도할 수 있도록 가르쳐 줍니다. 특히 아침에 일어났을 때와 밤에 잠자리에 들기 전, 식사 전에 하나님께 기도하도록 권면합니다. 그리고 평상시에 하나님과 자연스럽게 대화 나누는 법을 가르쳐 줍니다.

나. 성경으로의 초대

첫째, 성경을 어떻게 읽고 어떻게 찾는지를 알게 하기 위해 다음과 같은 내용을 새가족에게 가르쳐 주어야 합니다.

1) 성경은 한 권의 책으로 되어 있지만, 실제로는 구약 39권, 신약 27권의 책으로 구성되어 있습니다.
2) 성경은 권마다 제목이 있으며, 읽고 쓰기 쉽도록 각 권의 제목을 약자를 사용하기도 합니다(새가족 양육자는 이때 구약과 신약 66권의 순서를 한 번 정도 읽어 줍니다).
3) 각 성경책은 '장'으로 구분되고, 각 장은 '절'로 나뉩니다(시편은 '장' 대신에 '편'이라고 읽습니다).
4) 장과 절 사이는 문장 부호인 ' : '(콜론)으로 간단히 표시합니다.

예를 들어, 주보에 '창 1:1' 이라고 쓰여 있다면 '창세기 1장 1절'로 읽으면 됩니다(성경 구절을 찾아 보는 연습을 할 때 새가족 양육자는 쪽수를 말해 줍니다).

5) 성경 본문을 찾을 때는 '책의 제목 찾기 → 장 찾기 → 절 찾기' 순으로 찾습니다.

둘째, 새가족은 이제 신앙생활에 첫발을 내딛기에 더욱 많은 영의 양식을 먹어야 합니다. 양육자는 성경읽기표 샘플을 통해 성경을 순서대로 읽어 나가도록 안내합니다. 혹은 새가족이 더욱 쉽게 대할 수 있는 책을 먼저 배치하여 읽어 나가도록 안내합니다(예: 사복음서 또는 잠언).

셋째, 새가족에게 기독교의 핵심 진리를 담은 주요 성구 카드나 성구 소책자, 365일 말씀 암송집을 제공하여 말씀을 쉽게 접할 수 있게 해줍니다. 문자 메시지를 통해 성구를 보내 주는 방법을 활용할 수도 있습니다.

다. 찬양으로의 초대

첫째, 양육자는 새가족에게 찬양이 곡조있는 기도임을 가르쳐 줍니다. 하나님을 경배하는 마음을 입술로 고백하고 감사를 노래로 표현한다는 점에서 일반적인 노래와 다르다는 사실을 함께 알려 줍니다.

둘째, 우리 교회에서는 어떤 찬송가를 사용하는지(통일찬송가 혹은 새찬송가)를 안내하고, 그 외에 복음성가집을 소개해 주며 찬양에 친숙해질 수 있게 도와줍니다. 쉬운 찬송 몇 곡을 가르쳐 주고 일상에서 자연스럽게 부를 수 있도록 안내해 주는 것이 좋습니다.

2. 예배의 실제

양육자는 새가족이 예배에 적응할 수 있도록 예배 각 순서의 의미와 기본적인 형식과 절차에 대해서도 알려 주어야 합니다.

가. 기도

1) 신앙고백: 신앙고백은 예배에 참석한 성도들이 신앙을 새롭게 다짐하는 것입니다. 가장 대표적인 신앙고백으로 사용되는 것은 사도신경입니다. 일종의 고백문으로, 예배 중에는 기도하는 마음으로 암송합니다. 기독교의 정통 신조로서 2천 년 가까이 고백되어 온 사도신경에는 천지 창조, 그리스도의 동정녀 탄생, 속죄, 부활, 승천, 재림, 심판, 교회, 영생 등 기독교의 근본적인 교리가 담겨 있습니다.

2) 대표기도: 공예배에서는 대표자가 나와서 대표기도나 헌금기도를 할 때가 있습니다. 이때 새가족이 함께 눈을 감고 손을 모아 기도할 수 있게 합니다. 그리고 함께 '아멘'으로 마칠 수 있게 합니다.

3) 주기도문: 주기도문은 예수님께서 제자들에게 직접 가르쳐 주신 기도로서, 마태복음 6장 9절에서 13절과 누가복음 11장 2절에서 4절에 나와 있습니다. 예수님께서 가르쳐 주신 기도라는 것은 이것이 곧 기도의 모범이라는 뜻입니다. 예배 때 주기도문 송을 부른다면 양육자는 새가족에게 주기도문 송도 함께 가르쳐 줍니다.

그러므로 너희는 이렇게 기도하라 하늘에 계신 우리 아버지여
이름이 거룩히 여김을 받으시오며 나라가 임하시오며
뜻이 하늘에서 이루어진 것같이 땅에서도 이루어지이다
오늘 우리에게 일용할 양식을 주시옵고 우리가 우리에게 죄지은 자를
사하여 준 것같이 우리 죄를 사하여 주시옵고
우리를 시험에 들게 하지 마시옵고 다만 악에서 구하시옵소서
(나라와 권세와 영광이 아버지께 영원히 있사옵나이다 아멘)
마태복음 6:9-13

4) 축도: 축도는 공예배의 마지막 순서로, 목회자가 성도들에게 삼위일체 하나님의 복을 선포하는 것입니다. 양육자는 축도 시간에 새가족이 간절한 마음으로 임할 수 있도록 가르쳐 줍니다.

나. 찬양

1) 경배와 찬양: 예배를 시작할 때 예배에 임재하시는 하나님께 찬양으로 경배하는 시간입니다. 일어서서 찬양하는 경우도 있으므로 양육자는 새가족이 어색해하지 않고 동참할 수 있도록 미리 안내해 줍니다.

2) 성가대 찬양: 성가대원들이 준비된 성가로 예배 중에 하나님께 찬양을 드리는 시간입니다. 이때에는 함께 성가를 부르지는 않지만 잘 들으면서 마음속으로 하나님을 찬양할 수 있도록 안내합니다.

3) 파송 찬양: 축도나 주기도문 전에 성도들을 세상으로 파송하는 의미에서 부르는 찬양입니다. 예배가 삶으로 이어질 수 있도록 부르는 찬양임을 새가족에게 가르쳐 줍니다.

다. 말씀

1) 성경 봉독: 예배 때 설교 본문에 해당하는 성경구절을 읽는 것입니다. 이때 앞에서 다룬 성경 찾는 방법에 따라 해당 구절을 찾아서 읽을 수 있게 합니다.

2) 설교: 설교는 성경 본문 말씀에 근거하여 목회자가 그 말씀의 의미를 설명해 주고 그 안에 담긴 하나님의 뜻을 전하는 것입니다. 양육자는 이런 기본 의미와 더불어, 설교 시간은 목회자를 통해 하나님의 말씀이 선포되는 시간임을 분명히 알도록 가르쳐야 합니다.

라. 성찬

성찬은 우리를 위해 죽으시고 부활하신 예수님을 기념하고 예수님과 연합하는 예식입니다.

> 축사하시고 떼어 이르시되 이것은 너희를 위하는 내 몸이니
> 이것을 행하여 나를 기념하라 하시고 식후에 또한 그와 같이 잔을 가지시고
> 이르시되 이 잔은 내 피로 세운 새 언약이니 이것을 행하여 마실 때마다
> 나를 기념하라 하셨으니 고린도전서 11:24-25

마. 헌금

양육자는 헌금이 '나를 구원해 주신 하나님께 감사하는 마음' 으로 드리는 것임을 새가족에게 가르쳐 주어야 합니다. 더불어 헌금은 자발적으로 드려야 하므로 강요해서는 안 됩니다.

> 네 재물과 네 소산물의 처음 익은 열매로
> 여호와(야훼)를 공경하라 잠언 3:9

바. 교제

1) 광고(교회 소식): 교회나 성도들의 소식을 전하고 처음 온 새가족을 소개하는 시간입니다.

2) 예배 후 친교: 예배가 끝난 후에는 친교 모임 및 함께 식사하는 시간이 이어집니다. 양육자는 성도들과 함께 교제하고 사랑을 나누는 것이 예수님의 몸 된 교회 안에서 성도가 하나 됨을 이루는 시간이라

는 점을 가르쳐 줍니다.

3. 교회에 대한 안내

새가족은 이제 교회를 중심으로 신앙생활을 하게 되기 때문에 교회에 대하여 전반적으로 안내해 주는 것은 매우 중요한 일입니다. 그러나 많은 것을 한꺼번에 전달하기는 쉽지 않습니다. 그러므로 양육자는 어떤 것부터 어떤 순서로 안내해야 할지를 숙지해 두어야 합니다. 양육자는 아래에 제시된 순서에 따라 각 교회의 상황에 맞게 안내하면 됩니다.

가. 교회의 연혁, 비전, 목표

교회의 연혁에 대해서는 창립 일자 정도만 알려 주면 됩니다. 교회의 비전과 목표는 기억에 남을 수 있도록 주보를 보여 주면서 알려 줍니다.

나. 예배 안내

주보를 보여 주면서 어떤 예배가 있고, 시간은 언제인지 다시 한 번 짚어 줍니다. 주일 예배뿐만 아니라 수요예배, 새벽예배, 철야예배 등에 대해서도 안내해 주고 참석할 수 있도록 이끌어 줍니다.

다. 목회자 소개

먼저 담임 목회자를 소개하고 사역에 대해서도 알려 줍니다.

※ **담임 목회자의 기본 사역**: 성도들을 하나님의 말씀으로 먹이는 일(사도행전 20:28), 성도들을 보호하는 일(사도행전 20:29-31), 성도들을 돌보는 일(요한복음 10:11), 성도들을 훈련하는 일(마태복음 28:19-20)

또한 각 부서나 각 사역과 연결하여 담당 부교역자들을 소개해 줍니다.

라. 기관 소개

교회학교, 청년부, 남·여선교회를 비롯하여 각 부서에 대해 알려주고, 교회의 구역이나 교구는 어떻게 편성되어 있는지를 가르쳐 줍니다.

마. 제직 소개

제직에는 장로, 집사, 권사 등이 있다는 것과, 제직을 세우는 목적은 교회가 선교적 사명을 달성하고 교회를 온전히 세워 나가기 위함임을 알려 줍니다. 더불어 제직을 세우게 된 배경에 대해서는 사도행전 6장 1절에서 6절을 참고하여 가르쳐 줍니다.

> 형제들아 너희 가운데서 성령과 지혜가 충만하여
> 칭찬받는 사람 일곱을 택하라 우리가 이 일을 그들에게 맡기고 사도행전 6:3

바. 시설 안내

교회 내 시설을 잘 활용할 수 있도록 안내합니다.

더불어 나눔

1. 새가족이 처음에 외우면 좋을 성구로 어떤 것들이 있을지 나누어 봅시다.

2. 우리 교회의 사명 선언문(혹은 교회의 비전) 등을 함께 읽어 보고, 새가족에게 어떻게 소개하면 좋을지 나누어 봅시다.

마음 밭에 심기

주제 말씀 암송

그러므로 너희는 이렇게 기도하라 하늘에 계신 우리 아버지여 이름이 거룩히 여김을 받으시오며 나라가 임하시오며 뜻이 하늘에서 이루어진 것 같이 땅에서도 이루어지이다 오늘 우리에게 일용할 양식을 주시옵고 우리가 우리에게 죄지은 자를 사하여 준 것 같이 우리 죄를 사하여 주시옵고 우리를 시험에 들게 하지 마시옵고 다만 악에서 구하시옵소서 (나라와 권세와 영광이 아버지께 영원히 있사옵나이다 아멘) 마태복음 6:9-13

마음에 새기기

새가족이 스스로 기도하고 성경을 읽을 수 있도록 안내해야 합니다

1. 기도의 의미와 기도하는 방법에 대해 알려 주고, 스스로 기도 생활을 할 수 있도록 도와줍니다.
2. 성경의 구성과 찾는 방법을 가르쳐 주고, 성경과 가까이할 수 있게 도와줍니다.
3. 찬양의 의미를 알려 주고 생활 속에서 찬양할 수 있도록 이끌어 줍니다.

새가족이 예배에 적응할 수 있도록 안내해야 합니다

1. 예배에 어떤 순서들이 있는지 가르쳐 줍니다.
2. 예배에 어떻게 참여하는지 요소별로 안내해 주고, 주요 의미에 대해서 가르쳐 줍니다.

새가족이 교회 생활에 적응할 수 있도록 안내해야 합니다

1. 교회의 연혁, 비전, 목표와 더불어 어떤 예배가 있는지 알려 줍니다.
2. 담임 목회자 및 부교역자들과 제직에 대해 소개하고, 기관 및 시설에 대해서 안내해 줍니다.

제8과

새가족 양육자 학교 워크북

오늘 우리는...

- 이 과를 통해, 새가족을 맞이하는 전반적인 과정을 파악하고, 특별히 결신 과정을 훈련할 수 있습니다.
- 이 과를 통해, 새가족 양육에 필요한 기본 자료를 확인합니다.

마음 문 열기

미국의 젊은 피아니스트 론 세버린이 주류 상회 앞을 지나다가 그 앞에 쌓여 있는 헌 맥주 캔들을 보았습니다. 그가 주인을 만나 그 캔들을 치워 주겠다고 제의하자 주인은 고마워하며 흔쾌히 허락했습니다. 당시 세버린은 캘리포니아 롱비치주립대학의 학생으로서 다우니교회의 오르가니스트로 봉사하고 있었는데, 헌 캔들이 줄지어 쌓여 있는 것을 보는 순간 무어라 표현할 수 없는 음악적 영감이 섬광처럼 그의 영혼을 흔들었던 것입니다.

세버린은 캔을 한 아름 실어 와서 손질하기 시작했습니다. 위아래의 뚜껑을 제거하고 깨끗이 소독한 다음 납땜을 하여 파이프로

만들었습니다. 어떤 것은 길게, 어떤 것은 짧게 만들고 파이프의 주둥이 부분을 만들어 달았습니다.

이렇게 그는 3년 동안 연구와 노력을 거듭한 끝에 아름다운 파이프 오르간을 만들어 내는 데 성공했습니다. 인간의 정신을 혼미하게 하는 술이 담겼던 맥주 캔이 아름답고 고상한 악기로, 하나님을 찬양하고 경배하는 도구로 변한 것입니다.

여기서 잠깐

예화 속 인물 세버린을 새가족 양육자의 모습에 대입시켜 봅시다. 새가족을 향한 헌신과 열정이 뜨거운 만큼 어떤 열매가 맺히게 될까요?

1. 새가족 양육의 전반적인 단계 정리

가. 새가족실 인도와 환영회 진행

1) 예배가 끝나면 바로 교역자 및 양육자와의 만남의 자리를 갖습니다.
2) 새가족이 먼저 돌아가지 않도록 주의합니다.

나. 일대일 만남 및 등록

1) 교회 온 첫날 결신하기로 한 경우:

- 결신기도와 선포 등을 통해 바로 결신의 과정을 밟습니다.
- 첫인상 카드(설문지)와 등록 카드를 작성하게 합니다.
- 양육자는 기본적인 인적 사항을 바탕으로 개인 면담을 진행합니다.

2) 아직 결신하기로 결정하지 못한 경우:

- 첫인상 카드(설문지)만 작성하도록 하고, 연락처 등을 따로 기재해 둡니다.
- 결신하지 못하는 이유 및 배경 등에 대해 친절히 개인 상담을 진행합니다.

3) 기존 성도로서 수평 이동한 새가족의 경우:

- 결신의 절차 없이 바로 첫인상 카드(설문지)와 등록 카드를 작

성하게 합니다.

다. 개별 접촉

1) 연락(전화, 편지, 문자메시지, 이메일, SNS 활용) 및 방문 등으로 이루어집니다.
2) 그 주 내로 심방을 하여 교회에 잘 적응할 수 있도록 돕습니다(새가족에게 사정이 있는 경우를 제외하고는 반드시 방문하도록 합니다).
3) 아직 결신하지 못한 새가족의 경우, 정착할 수 있도록 3강에서 배운 과정을 적용합니다.(나중에 결신하게 되면 그때 등록 카드를 작성하게 합니다.)
4) 이미 결신한 새가족에게도 연락, 심방을 해야 합니다.
5) 담임 목회자의 이름으로 된 편지를 활용하고, 방문 시 교패도 준비합니다.

라. 교육 과정

1) 교육 프로그램은 보통 4~5주가 적당합니다.
2) 부득이한 사정으로 참석하지 못하였을 때에는 개별 교육을 합니다.
3) 정규 과정과 상관없이 새가족이 궁금해하는 것이 있다면 따로 양육자가 찾아가서 도움을 줄 수 있어야 합니다.

마. 교육 과정 후 수료식 및 기타 환영회

정규 교육 과정이 끝나면 교회에서 마련한 수료식 또는 환영회 등을 통해 축하의 시간을 갖습니다.

바. 사역 안내

1) 은사 점검표나 사역 지원서를 활용합니다.
2) 그 결과에 따라 양육자는 새가족을 교회 내 사역 부서와 연결해 주는 역할을 감당합니다(은사 점검표 샘플은 성령 학교의 8과에, 사역 지원서 샘플은 이 과의 3번에 있습니다).
3) 새가족이 아직 사역에 동참할 의사가 없다면 나중으로 미루고 강요하지 않습니다.

2. 실전 연습 - 결신의 과정

가. 순서

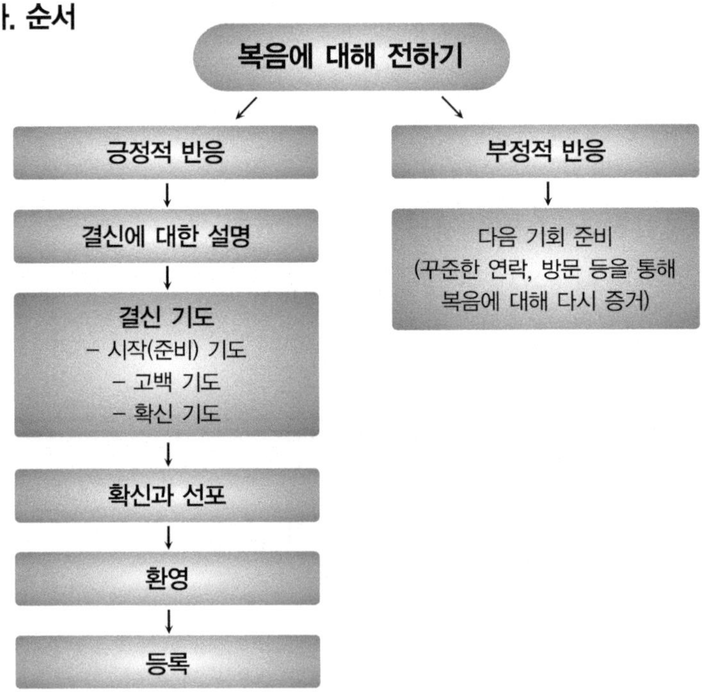

나. 결신 기도의 예

● **시작(준비) 기도의 예**

"예수님을 믿고 내 삶의 주인으로 모시고 살기 원하오니, 하나님 아버지께서 도와주옵소서."

● **고백 기도의 예**(새가족이 따라 할 수 있게 합니다.)

"사랑의 예수님(사랑의 예수님), 저는 죄인입니다(저는 죄인입니다). 지금까지 인생의 목적과 길을 알지 못한 채(지금까지 인생의 목적과 길을 알지 못한 채) 방황하며 살았습니다(방황하며 살았습니다). 이 시간(이 시간), 예수 그리스도의 보혈로(예수 그리스도의 보혈로) 제 모든 죄를 씻어 주옵소서(제 모든 죄를 씻어 주옵소서). 예수님을 제 구주로 모셔 들입니다(예수님을 제 구주로 모셔 들입니다). 저를 구원하여 주시니 감사합니다(저를 구원하여 주시니 감사합니다). 하나님은 제 아버지가 되셨습니다(하나님은 제 아버지가 되셨습니다). 예수님은 제 구주가 되셨습니다(예수님은 제 구주가 되셨습니다). 이제부터 주님 오시는 날까지(이제부터 주님 오시는 날까지) 믿음 잃지 않고 범사에 승리하며 살게 하여 주옵소서(믿음 잃지 않고 범사에 승리하며 살게 하여 주옵소서). 예수님의 이름으로 기도드립니다(예수님의 이름으로 기도 드립니다). 아멘(아멘)."

● **확신 기도의 예**

"영접하는 자 곧 그 이름을 믿는 자들에게는 하나님의 자녀가 되는 권세를 주신다고 말씀하신 예수님, 이 시간에 ○○○성도가 하나님을 아버지로, 예수님을 구주로 모셔 들였습니다. ○○○성도의 믿음의 고백을 받아 주시고, 하나님의 자녀로 삼아 주옵소서. 이제부터 하나님의 놀라운 사랑과 축복 안에서 살도록 인도해 주옵소서."

다. 확신과 선포의 예

● **말씀에 근거한 확신과 선포의 예**

"○○○성도는 이제부터 살아 계신 하나님의 자녀가 되었습니다." 요한복음 1:12
"○○○성도는 이제부터 예수님을 믿음으로 축복의 생활이 시작되었습니다." 요한복음 10:10

※ 새가족이 스스로 말하게 해주어야 합니다.

영접하는 자 곧 그 이름을 믿는 자들에게는
하나님의 자녀가 되는 권세를 주셨으니 요한복음 1:12

내가 온 것은 양으로 생명을 얻게 하고
더 풍성히 얻게 하려는 것이라 요한복음 10:10

라. 등록 시에 유의할 점

등록 카드 작성이 단순히 형식적인 절차가 아니라, 하나님 나라의 백성으로 새롭게 등록되는 첫 시작임을 알려 주어야 합니다.

3. 새가족 양육 과정에서 필요한 예시 자료

가. 첫인상 카드

기본적으로 아래와 같은 문항의 질문을 비롯하여 교회마다 필요하다고 생각되는 문항의 질문지를 미리 만들어 둡니다(아래의 틀을 참조하여 교회의 상황에 맞게 수정하여 사용하면 좋습니다).

| 첫인상 카드 |

OOO교회에 오신 것을 진심으로 환영합니다!

1. 오늘 몇 시 예배에 참석하셨습니까?

① 1부 예배 7:30 (　　)　② 2부 예배 9:00 (　　)
③ 3부 예배 11:00 (　　)　④ 4부 예배 13:00 (　　)
⑤ 저녁 예배 19:00 (　　)

2. 오늘 우리 교회에 방문하게 된 동기는 무엇입니까?

① 등록할 뜻이 있어서 (　　)
② 이사로 인해 새로 출석할 교회를 알아보는 중 (　　)
③ 지인의 권유로 (　　)
④ 기타 (　　　　　　)

3. 교회를 다니게 됨으로써 바라는 것은 무엇입니까?

① 가정의 축복 (　　)　② 마음의 평화 (　　)
③ 죄 사함과 구원 (　　)　④ 기타 (　　)

4. 오늘 우리 교회에서 가장 인상 깊었던 것은 무엇입니까?

① 설교 말씀 (　　)　② 찬양 (　　)
③ 안내 (　　)　④ 교회 분위기 (　　)
⑤ 기타 (　　　　　　)

나. 등록 카드

등록 카드는 다음과 같은 내용을 기본으로 만들어 둡니다. 기재할 때 새가족이 어려움을 느끼지 않도록 옆에서 설명해 주고 도와주도록 합니다.

| 새가족 등록 카드 |

<table>
<tr><td rowspan="2">이름</td><td colspan="2">한글 :</td><td>성별</td><td>남/여</td><td>생년/월/일</td><td>년 월 일 (양/음)</td></tr>
<tr><td colspan="2">한문 :</td><td>전화</td><td></td><td>휴대폰</td><td></td></tr>
<tr><td>주소</td><td colspan="6"></td></tr>
<tr><td>E-Mail</td><td colspan="4"></td><td>인도자</td><td></td></tr>
<tr><td colspan="2">전 출석 교회(해당자만)</td><td></td><td>직분
(해당자만)</td><td></td><td>봉사 경력/기간
(해당자만)</td><td></td></tr>
<tr><td></td><td>이름</td><td>관계</td><td colspan="2">생년/월/일</td><td>등록 여부</td><td>비고</td></tr>
<tr><td rowspan="4">가족
사항</td><td></td><td></td><td colspan="2"></td><td></td><td></td></tr>
<tr><td></td><td></td><td colspan="2"></td><td></td><td></td></tr>
<tr><td></td><td></td><td colspan="2"></td><td></td><td></td></tr>
<tr><td></td><td></td><td colspan="2"></td><td></td><td></td></tr>
</table>

다. 사역 지원서

교회의 상황에 맞게 다음과 같은 형식으로 사역에 지원할 수 있게 합니다. 지원서와 더불어 사역 부서에 대한 설명도 간략하게 짚어 주고, 특별히 관심이 있는 사역 부서에 대해서는 좀 더 자세한 설명을 추가해 줍니다.

예시 1

사역 지원서

신청자 성명 : 휴대전화 :

※ 문의 : ☎

사역 분야	사역 내용	요일/시간
전도팀	주중 정한 시간에 전도로 사역	
의료선교팀	의사와 간호사 등으로 의료선교 사역	
미디어사역팀	설교 테이프와 CD, DVD 등 제작 사역	
지역사회섬김팀	고아원, 양로원, 병원 등을 섬기는 사역	
교회사랑봉사팀	교회 안팎을 청소하며 돌보는 사역	
경조팀	장례 시 참석하여 위로하는 사역	
조가팀	장례예배 시 조가 찬양하는 사역	
새가족팀	새가족을 영접하고 섬기는 사역	
주일주방봉사팀	주일에 교회 식당에서 음식 준비 및 설거지 사역	
행사지원팀	특별 행사 시 다과 준비 사역	
북카페봉사팀	북카페에서 커피 바리스타 및 섬김 사역	
커피봉사팀	주일 커피 제공 사역	
주차관리팀	주일 및 주중에 주차 요원으로 사역	
차량운행팀	주일에 교회 차량 운행으로 사역	
홈페이지팀	웹 디자인 작업 및 포스트 관리 사역	
디자인팀	교회 내 · 외부 필요한 디자인 작업 사역	

데코레이션팀	풍선 아트 및 기타 데코레이션 사역	
사진팀	사진 촬영 및 기록 사역	
예배미화팀(꽃꽂이)	본당 및 필요한 공간에 꽃꽂이 사역	
2부 성가대	2부 예배 시 성가대 사역(연습: 주일 오전 10:00)	
3부 성가대	3부 예배 시 성가대 사역(연습: 토요일 오후 7:30)	
방송실팀(카메라)	주일 예배 시 본당에서 카메라 중계 사역	
방송실팀(자막)	주일 예배 시 방송실에서 자막 컴퓨터 운용 사역	
방송실팀(조명)	주일 예배 시 방송실에서 조명 기기 운용 사역	
중보기도팀(주일)	주일 예배 시 기도 사역(1~3부 예배 시)	
중보기도팀(주중)	주중 정해진 시간에 중보기도실에서 기도 사역	
예배안내팀(여자)	주일 예배 시 안내(1~3부 예배 시)	
봉헌위원팀(남자)	주일 예배 시 안내(1~3부 예배 시)	
영아부 교사	2, 3세 유아 대상 교육 및 양육 사역	
유아부 교사	4, 5세 유아 대상 교육 및 양육 사역	
유치부 교사	6, 7세 유아 대상 교육 및 양육 사역	
유년부 교사	초등 1, 2학년 대상 교육 및 양육 사역	
소년부 교사	초등 3, 4학년 대상 교육 및 양육 사역	
초등부 교사	초등 5, 6학년 대상 교육 및 양육 사역	
중등부 교사	중등 1, 2, 3학년 대상 교육 및 양육 사역	
고등부 교사	고등 1, 2, 3학년 대상 교육 및 양육 사역	
청년1부 섬김	고교 졸업 후 25세까지의 청년 섬김 사역	
청년2부 섬김	26세 이상 미혼 남녀 청년 섬김 사역	

마. 새가족 양육자 주간 사역 보고서

매주 새가족 관리를 하기 위해 다음과 같은 보고서를 간단히 작성하도록 합니다.

예시 1 교육 이전 새가족을 담당한 양육자를 위해

<table>
<tr><th colspan="3">주간 사역 보고서</th></tr>
<tr><td colspan="3">양육자 :
날짜 : 년 월 일</td></tr>
<tr><td>새가족 이름</td><td colspan="2"></td></tr>
<tr><td>인도자 이름</td><td colspan="2"></td></tr>
<tr><td>전 화</td><td colspan="2">유 무</td></tr>
<tr><td>방 문</td><td colspan="2">유 무 / 장소 :</td></tr>
<tr><td>편 지</td><td colspan="2">유 무</td></tr>
<tr><td>나눔 내용</td><td colspan="2"></td></tr>
<tr><td rowspan="2">기도제목</td><td>공 개</td><td></td></tr>
<tr><td>비공개</td><td></td></tr>
<tr><td>피드백</td><td colspan="2"></td></tr>
<tr><td>어려웠던 점</td><td colspan="2"></td></tr>
<tr><td>다음 사역을 위한 요청 사항</td><td colspan="2"></td></tr>
</table>

예시 2 교육 과정 중 새가족을 담당한 양육자를 위해

주간 사역 보고서		
양육자 : 날짜 : 년 월 일		
새가족 이름		
주간 연락 사항	내용 :	
교육 과정	단원 :	
	교육 날짜 : 월 일(주일)	
피드백		
새가족 질문 사항		
새가족 기도제목	공 개	
	비공개	
다음 사역을 위한 요청 사항		

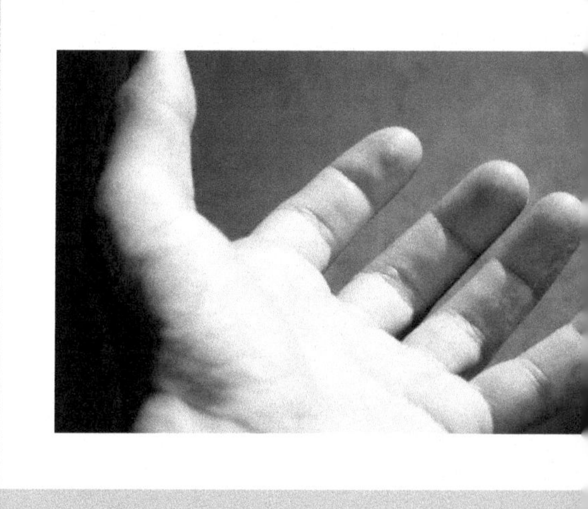

| 참고문헌 |

교회성장연구소 편집부 저, 『한국교회 새신자 정착모델 베스트 4』, 교회성장연구소, 2009.

교회성장연구소 편집부 저, 『태신자 전도 성공모델에서 답을 찾다』, 교회성장연구소, 2010.

이영훈 저, 『하나님이 기뻐하시는 교회』, 서울말씀사, 2009.

이영훈 저, 『4차원의 영성 – 전도 학교』, 교회성장연구소, 2010.

이영훈 저, 『4차원의 영성 – 중보 기도 학교』, 교회성장연구소, 2011.

이영훈 저, 『4차원의 영성 – 리더십 학교』, 교회성장연구소, 2010.

이영훈 저, 『제자의 길』, 서울말씀사, 2010.

이영훈 저, 『내 안에 그리스도께서 사시는 것이라』, 서울말씀사, 2011.

최홍준 저, 『복음 이야기(새가족을 위한 12가지)』, 두란노, 2007.

크리스처니티 투데이 편집부 저, 서진희 역, 『새신자에게 다가가기』, 국제제자훈련원, 2008.

| 추천도서 |

※ 추천도서는 시간이 날 때 자유롭게 읽을 수 있도록 권장합니다.

혹은 소그룹별로 독서보고서를 써서 함께 나누는 방법도 좋습니다.

최홍준 저, 『복음 이야기(새가족을 위한 12가지)』, 두란노, 2007.

MTS 새가족 양육자 학교

초판 1쇄 발행 2013년 1월 23일
초판 3쇄 발행 2015년 5월 15일

지은이 이영훈
펴낸곳 교회성장연구소
편집인 이장석
편집장 노인영
기획 및 편집 박은혜 김태희 백지희
디자인 박진실
마케팅 문기현 이기쁨 임회균
MTS 사역 김미현 최명선 이경재
행 정 김수정 한혜정

등록번호 제12-177호
주 소 서울특별시 영등포구 여의공원로 101번지 CCMM빌딩 7층 703B호
전 화 02-2036-7912~3
팩 스 02-2036-7910
웹사이트 www.pastor21.net
MTS 전문몰 www.pastormall.net

ISBN 978-89-8304-204-0 04230

※ 책 가격은 뒤표지에 있습니다.
※ 잘못 만들어진 책은 바꿔 드립니다.

"무슨 일을 하든지 마음을 다하여 주께 하듯 하라" (골 3:23)

교회성장연구소는 한국 모든 교회가 건강한 교회성장을 이루어 하나님 나라에 영광을 돌리는 일꾼으로 성장하는 것을 목표로, 목회자의 사역은 물론 성도들의 영적 성장을 도울 수 있는 필독서들을 출간하고 있다. 주를 섬기는 사명감을 바탕으로 모든 사역의 시작과 끝을 기도로 임하며 사람 중심이 아닌 하나님 중심으로 경영한다. "무슨 일을 하든지 마음을 다하여 주께 하듯 하라"는 말씀을 늘 마음에 새겨 하나님이 주신 사명을 기쁨으로 감당한다.